MOI JE SAIS POURQUOI!

MOI JE SAIS POURQUOI !

Anne Demoulin

Chantecler

Table des matières

Questions et Réponses
sur les
ANIMAUX

En dormant, il t'arrive de faire des rêves que tu es parfois capable de raconter par la suite. Les animaux ont-ils aussi cette faculté?

Durant ton sommeil, tu n'es pas inconscient. Ton cerveau continue de fonctionner, différemment bien sûr, mais sans interruption.

Des scientifiques ont découvert qu'après environ 90 minutes de sommeil, le cerveau humain se mettait soudainement à fonctionner d'une manière plus vive.

Les paupières restent fermées, mais les yeux bougent rapidement de droite à gauche. C'est probablement à ce moment que la personne rêve.

Tous les mammifères connaissent cette période de sommeil calme, cependant elle n'a pas la même durée chez toutes les espèces.

Pour le chat, par exemple, cette phase ne dure que 25 minutes. Ensuite son cerveau fonctionne plus intensément et ses yeux se déplacent de droite à gauche sous les paupières. Voilà pourquoi les animaux rêvent sans doute aussi.

Les flamants sont de merveilleux animaux. Pourquoi sont-ils parfois de couleur rosâtre ?

A la naissance, les flamants sont déjà légèrement roses. Cette couleur s'affirme lorsque le flamant mange beaucoup de crabes, de crevettes et d'écrevisses. Ces petits animaux sont roses, et le flamant prend leur couleur en les absorbant.

Lorsqu'on donne une autre nourriture aux flamants, leur teinte rose est moins prononcée.

Le chien descend du loup. Il est pourtant l'un des animaux domestiques les plus fidèles à l'homme. Comment le chien a-t-il pris cette place auprès de l'homme ?

Les chiens que nous connaissons descendent d'animaux sauvages tels que le loup ou le chacal.

Lorsque ces animaux sont affamés, ils se rapprochent des habitations où la nourriture ne manque pas; les restes des repas les attirent par exemple. Les hommes ont aussi parfois ramené chez eux des nichées de jeunes loups ou de jeunes chacals. Ils les soignaient jusqu'à ce qu'ils deviennent adultes et ceux-ci restaient souvent fidèles aux hommes qui les avaient nourris.

Leurs petits et les lignées suivantes s'habituèrent de plus en plus à l'homme. Ils apprirent à s'acquitter de certaines tâches comme ils le font encore aujourd'hui : ils aboient en cas de danger, surveillent parfois les troupeaux de moutons et font aussi office de chiens policiers capables d'arrêter les malfrats et de repérer la drogue.

Si le chien descend du loup, qu'en est-il du loup de mer? Descend-il lui aussi du loup?

Lorsque tu entends le nom "loup de mer", tu imagines peut-être qu'il s'agit d'une espèce de loup qui vit au bord de la mer. Cependant le loup de mer n'a rien à voir avec le loup. C'est un poisson marin vivant en banc également appelé "bar" et que l'on rencontre en grand nombre dans la mer Méditerranée, près des côtes. Il est tellement vorace qu'on lui a donné ce surnom de "loup de mer". Le bar mesure entre 35 centimètres et 1 mètre. Sa chair est très fine et très appréciée.

Lorsque tu fais un câlin à ton chat, ses moustaches te chatouillent le visage. A quoi lui servent-elles, au fait?

De nombreux animaux possèdent des moustaches. Pas seulement les tigres, les lions et les panthères, mais également les lapins.

Les moustaches sont des poils spéciaux qui permettent aux animaux de détecter les objets en les frôlant.

Le chat en a grand besoin lorsqu'il chasse pendant la nuit. Ses moustaches l'aident dans l'obscurité.

Le nez du lapin remue presque tout le temps. Pourquoi?

Lorsque tu sens quelque chose d'étrange ou de délicieux, tu gardes les narines grandes ouvertes. Le lapin agit de la même façon, mais il a davantage besoin de son nez pour détecter le danger.

Nombreux sont les hommes et les animaux qui chassent le lapin.

Il doit dès lors faire preuve d'une grande prudence, et c'est pourquoi son nez lui est utile.

Le nez du lapin est nettement plus sensible que celui de l'homme. Il le remue constamment pour qu'aucune odeur ne lui échappe.

Le lapin est ainsi capable de sentir un renard ou un homme de très loin. Lorsqu'un danger menace, il peut détaler pour se mettre en sécurité.

Un cheval doit de temps à autre être emmené chez le maréchal-ferrant pour y être ferré. Au fait, pourquoi le cheval a-t-il besoin de fers ?

Les sabots constituent une couche de corne protectrice. Il s'agit d'une matière légère et solide située à l'extrémité des membres.

Aucun nerf ni vaisseau sanguin ne les traverse. Ils font donc office de chaussures naturelles.

Les chevaux sauvages courant dans les prairies ou sur de simples terrains se contentent de leurs sabots. Les chevaux qui travaillent pour l'homme doivent, quant à eux, porter de lourdes charges et marchent souvent sur des routes asphaltées. C'est ainsi qu'ils usent davantage leurs sabots.

Le maréchal-ferrant fixe des fers sur le dessous du sabot pour le protéger d'une usure excessive. Le cheval ne ressent aucune douleur lors du ferrage.

Les taureaux ne sont pas seulement robustes, ils peuvent aussi être dangereux. Ainsi, lorsqu'ils voient la couleur rouge, ils se mettent à charger. Pourquoi adoptent-ils ce comportement ?

Un taureau n'attaque pas lorsqu'il voit la couleur rouge pour la simple raison qu'il ne distingue pas les couleurs.

Il différencie les couleurs, mais ne les voit qu'en blanc, gris ou noir, exactement comme lorsque tu regardes une télévision en noir et blanc.

Un taureau charge lorsqu'il est excité par un mouvement. Donc, si tu tournes autour de lui en agitant un morceau d'étoffe verte ou violette, le taureau attaquera de toute façon. Le ton de l'étoffe n'y change donc rien.

Lors d'une corrida, le taureau est agacé par les mouvements donnés à la muleta rouge ou parme, et non par sa couleur.

La tortue porte sa carapace durant toute sa vie. En est-elle munie dès la naissance?

La carapace de la tortue équivaut à la peau de l'homme, dont il est recouvert à la naissance. Lorsque la jeune tortue sort de l'œuf, elle possède déjà sa carapace.

Elle est comparable à une petite boîte qui enveloppe l'animal et qui présente des orifices pour sa tête, ses pattes et sa petite queue.

Après la naissance, la carapace est encore très tendre; chez les tortues de terre, elle se raffermit progressivement. La carapace des tortues de mer reste toujours plus douce.

Lorsque le danger la guette, la tortue rentre sa tête, ses pattes et sa queue dans sa carapace pour se mettre à l'abri.

Lorsque la nuit tombe, les poules dorment sur un perchoir. Comment se fait-il qu'elles ne tombent pas pendant la nuit ?

Les poules appartiennent à la famille des oiseaux. Aussi, au même titre que tous ceux-ci, sont-elles dotées d'un excellent sens de l'équilibre.

Elles s'assoient de manière que leur poids soit idéalement réparti de chaque côté du perchoir. Voilà pourquoi les poules ne tombent jamais de leur perchoir pendant la nuit.

Tu ne vois jamais d'écureuils en hiver. Où sont-ils donc?

Les écureuils établissent leur nid dans un arbre creux ou dans un petit trou creusé dans le sol.

En automne, l'écureuil est très occupé. Il entrepose toutes sortes de noix dans son nid. Ce sont ses provisions de nourriture pour l'hiver.

Lorsqu'il commence à faire froid, il préfère rester dans son nid chaud où il dort pendant presque toute la saison hivernale.

De temps à autre, lorsqu'il a faim, il s'éveille. Il se nourrit alors des noisettes engrangées.

Lorsqu'une journée d'hiver est plus douce, l'écureuil se risque au dehors à la recherche d'autres provisions. C'est ainsi qu'il complète ses stocks pour les besoins éventuels.

La peau du hérisson est recouverte de piquants grâce auxquels il se défend contre les autres animaux. Le hérisson naît-il avec ses piquants?

A la naissance, le hérisson est aveugle et chauve. Il ne possède donc pas encore de piquants, mais ceux-ci font bien vite leur apparition. Après quelques heures seulement, de petits piquants blanchâtres apparaissent. Au cours des premières semaines, des piquants plus bruns surgissent parmi les blancs. Après cinq à six semaines, le petit hérisson possède déjà plus de 2 000 piquants. Ce sont en fait des poils nettement plus durs que la moyenne.

Les piquants tombent après une année, et sont remplacés par de nouveaux. Bien entendu, ils ne tombent pas tous en même temps!

Lorsqu'un danger se précise, le hérisson s'enroule et devient une véritable boule d'épines. Les animaux carnivores n'osent plus s'en approcher.

L'araignée tisse une toile de fils gluants qui retiennent prisonniers les insectes qui s'y jettent. Pourquoi l'araignée ne s'emmêle-t-elle pas dans sa propre toile?

L'araignée tisse sa toile de façon très intelligente. Elle tend d'abord un cadre de fils qui ne collent pas. Ensuite, elle tisse le centre de la toile avec le même genre de fils. En partant du milieu, elle forme des cercles de fils gluants de plus en plus grands.

C'est là que ses proies viendront s'empêtrer. Lorsque l'araignée sent sa toile trembler, elle sait que quelque chose est venu s'y emprisonner. Elle parcourt les fils du cadre pour parvenir à sa proie. L'araignée doit veiller à ne pas s'emmêler dans les fils gluants, sinon elle resterait prisonnière de sa propre toile.

Les chauves-souris dorment toujours la tête orientée vers le bas. Pourquoi ?

La plupart des animaux se servent de leurs membres pour courir et pour conserver leur équilibre. Les pattes des chauves-souris ne remplissent pas ces fonctions. Leurs petites griffes sont plutôt conçues pour agripper quelque chose. C'est ainsi que la chauve-souris se cramponne à un endroit pour pouvoir se reposer. Ses serres sont suffisamment fermes, même pendant son sommeil.

C'est aussi dans cette position qu'elle met ses petits au monde.

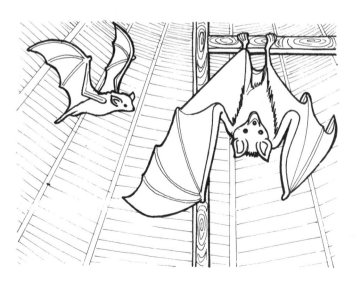

Un chat possède de petites oreilles, un lièvre en a de très longues. Au fait, où sont situées les oreilles des moustiques et des autres insectes ?

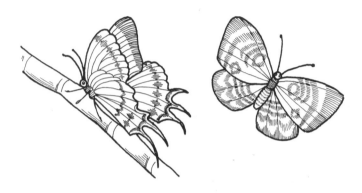

Tu as sûrement déjà vu une photo de moustique ou de papillon.

Si tu regardes de près, tu ne vois rien qui ressemble à des oreilles. Les insectes en sont parfois pourvus aux endroits les plus inattendus. Certaines chenilles entendent grâce aux extrémités des petits poils qui recouvrent la totalité de leur corps. Les organes auditifs des papillons de nuit se situent de chaque côté du ventre. Les moustiques mâles disposent même d'un petit organe spécial dans leurs trompes. De nombreuses sauterelles et de nombreux grillons entendent grâce à une sorte de tympan situé sur leur ventre ou sur leurs pattes antérieures.

La piqûre d'un moustique n'est pas dangereuse, elle est plutôt ennuyeuse ? Tous les moustiques piquent-ils ou en existe-t-il qui ne piquent pas ?

Il existe de nombreuses espèces de moustiques; certaines piquent, d'autres pas.

Chez les espèces qui piquent, il faut en outre faire la distinction entre les mâles et les femelles.

Le mâle des espèces qui piquent se nourrit de la sève des plantes et de nectar. Il ne pique, dès lors, que les plantes et les fleurs. En revanche, sa femelle pique également l'homme, car elle a besoin de son sang pour pondre ses œufs. Elle perce ta peau à l'aide de sa longue trompe. Elle injecte en même temps une substance qui empêche le sang de se coaguler afin de l'absorber plus facilement.

La matière qu'elle t'injecte n'est pas très agréable car elle fait gonfler la peau et provoque des démangeaisons qui peuvent parfois durer plusieurs jours.

Pourquoi les mouches frottent-elles leurs pattes les unes contre les autres lorsqu'elles se posent pour se reposer ?

A l'extrémité de ses pattes, la mouche est pourvue de petites ventouses humides qui lui permettent de tenir au mur ou au plafond sans tomber.

Cependant, cette particularité comporte des inconvénients, car toutes sortes de particules minuscules adhèrent à ces ventouses. Il peut s'agir de poussières ou de petits morceaux de nourriture dont la mouche s'est alimentée.

La mouche se pose souvent sur des déchets organiques, comme les restes pourris de nourriture, l'engrais, certaines plantes ou la viande d'animaux morts. Ces restes collent sur ses pattes. Dès lors, les ventouses sont pleines de germes pathogènes.

La mouche frotte souvent ses pattes pour nettoyer ses ventouses. A l'endroit où elle effectue son nettoyage, il reste un petit tas de matière sale ainsi que des germes pathogènes invisibles à l'œil nu.

Cette saleté et ces germes peuvent être nocifs pour ta santé.

Lors des belles soirées d'été, quand l'obscurité s'installe, il nous arrive d'observer des petits points lumineux mobiles. Il s'agit de petits vers luisants. Comment se fait-il qu'ils soient lumineux ?

Les vers luisants que nous voyons virevolter sont les mâles; ils sont pourvus d'ailes et peuvent donc voler. Les femelles, au contraire, ne possèdent pas d'ailes et se cachent pendant la journée. Elles apparaissent uniquement durant la nuit.

Lorsque le ver respire, l'oxygène mélangé à une substance située à l'arrière de son corps provoque une lumière verdâtre. La lumière émise par la femelle sert à attirer le mâle. Celui-ci envoie ses rayons lumineux dans l'espoir de capter la réponse d'une femelle vers laquelle il se dirigera alors.

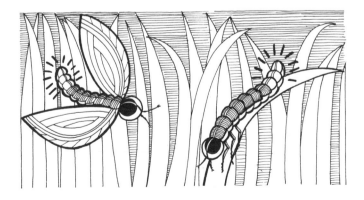

Si tu lâches un pigeon très loin de chez toi, il retrouvera toujours le chemin du retour. Comment est-ce possible puisqu'il n'est pas capable de lire une carte ?

Un pigeon reste fidèle à son propre nid. Il essaiera donc toujours d'y retourner.

Les pigeons sont des oiseaux migrateurs et sont dotés d'un remarquable talent pour retrouver la bonne voie vers leur nid.

Pour cela, ils observent la position du soleil, des étoiles, le paysage et la direction du vent.

On prétend que le cerveau des pigeons est pourvu d'une sorte de compas qui leur permet de retrouver le bon chemin. Un jeune pigeon doit d'abord rester un certain temps dans son nid avant d'être lâché. Le nid doit ensuite demeurer au même endroit. Le jeune pigeon doit considérer son nid comme l'endroit où la nourriture et le confort ne font jamais défaut. Il peut alors voler sur de longues distances.

En été, il t'arrive fréquemment de voir des papillons voler de fleur en fleur. Où peuvent-ils donc bien passer l'hiver?

Il existe maintes sortes de papillons. Ils n'hibernent pas tous de la même façon. De nombreux papillons déposent leurs œufs, à l'abri, dans le creux d'un arbre. Ces œufs n'éclosent qu'en été, lorsque les températures sont à nouveau plus élevées.

Il existe aussi des larves qui se métamorphosent avant l'hiver et qui passent cette saison à l'état de chrysalide dans leur cocon.

Certaines espèces plongent dans une véritable hibernation. Elles se replient quelque part à l'abri et attendent la fin de l'hiver.

Il existe également des papillons migrateurs, qui, pendant l'automne, s'envolent vers des contrées plus chaudes. Un des papillons migrateurs les plus connus est le monarque d'Amérique qui parcourt chaque année entre deux et trois mille kilomètres.

Les mites s'approchent toujours de la lumière, qu'il s'agisse d'une lampe ou d'une bougie, sur laquelle elles peuvent se brûler. Pourquoi prennent-elles ce risque ?

Les mites sont des papillons de nuit. Elles volent principalement pendant la nuit, mais parfois pendant la journée. Lorsqu'elles volent, elles se dirigent vers les sources lumineuses naturelles comme le soleil et la lune. La mite ne sait pas que la lumière d'une lampe ou d'une bougie n'est pas une source lumineuse naturelle. Elle la voit comme un ''soleil'' ou une ''lune'' et s'y précipite.

Si tu trouves par hasard une mite dans ta chambre et que tu ne souhaites pas la voir mourir, voilà ce qu'il faut faire: ferme la porte de ta chambre, ouvre une fenêtre et ferme les rideaux des autres fenêtres. Eteins la lumière; quelques instants après, la mite s'en est allée.

Un mille-pattes possède de nombreuses pattes. En a-t-il exactement mille ?

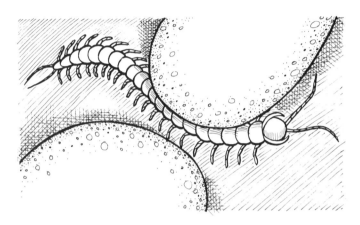

Le mille-pattes est un animal nocturne. Il vit le plus souvent caché dans l'obscurité, mais on peut également le trouver sous des pierres et des troncs d'arbres abattus.

Si tu l'observes attentivement, tu remarques que son corps est composé d'anneaux. Chaque anneau possède une paire de pattes.

La plupart des espèces de mille-pattes comptent environ 15 paires, et donc 30 pattes.

Il en existe aussi qui sont pourvus de 173 paires, ils possèdent ainsi 346 pattes.

Lorsque tu vois avancer un mille-pattes, il donne l'impression d'en avoir au moins mille, mais en réalité ce n'est pas le cas.

En été, lorsque tu tends l'oreille, tu peux entendre les grillons chanter dans le gazon. Comment émettent-ils ces sons ?

Les grillons produisent leurs sons de la même manière que les sauterelles : ils frottent leurs pattes postérieures le long de leurs ailes antérieures. Ces pattes sont recouvertes d'une série de ''petites dents'' qui produisent un bruit de frottement. Ce dernier est si agréable qu'on croirait que le grillon chante.

Dans le sud de l'Europe, on considère le grillon comme un animal domestique.

**Pourquoi la petite sauterelle peut-elle être
si dangereuse lorsqu'elle s'installe avec toute
sa famille ?**

La sauterelle paraît inoffensive, mais en réalité, ce
n'est pas le cas. Elle se nourrit de plantes et peut en
grignoter énormément. Dans les régions méridiona-
les, la sauterelle vit dans de grands groupes qui
s'installent partout où il y a de la nourriture. En peu
de temps, elles mangent toute la verdure et laissent
derrière elles une plaine dépouillée. Les agriculteurs
considèrent leur présence comme une catastrophe
car elles pillent véritablement les plantations et rédui-
sent leur travail à néant.

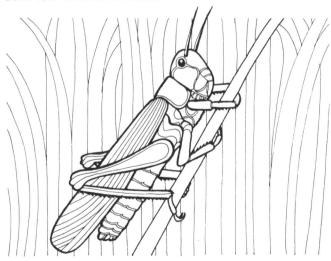

Les castors sont des travailleurs infatigables. Ils érigent des barrages les uns après les autres. Pourquoi agissent-ils de la sorte ?

Les castors construisent leur nid dans l'eau, sur la berge d'une rivière ou sur un banc de sable. A cet effet, ils se servent de branches et de boue.

Le côté supérieur du nid, constitué uniquement de branches, émerge de l'eau, laissant l'air frais s'y engouffrer. Les sorties du nid se trouvent sous l'eau, de sorte que les ennemis du castor y entrent moins aisément. Lorsque le niveau de l'eau de la rivière ou du ruisseau baisse, les passages sont asséchés. Le castor construit alors, en aval de la rivière, un barrage solide qui ne laisse presque pas passer l'eau. De cette façon, l'eau située en amont du barrage se maintient à un niveau élevé. Les couloirs du nid restent immergés et sont donc plus sûrs.

Par beau temps, les abeilles zélées volent de fleur en fleur pour en récolter le nectar. Elles l'emportent dans leur nid afin d'en faire du miel. Pourquoi les abeilles produisent-elles du miel ?

Les abeilles sont munies d'un estomac particulier grâce auquel elles transforment le nectar en miel. Celui-ci est entreposé à l'intérieur de leur nid dans de petits rayons hexagonaux.

Durant l'hiver, les abeilles ne sortent pas. Grâce aux vibrations rapides de leurs ailes, elles maintiennent au chaud leurs petits appelés ''larves''. Cela représente un travail épuisant et exige une bonne alimentation. Elles se nourrissent donc du miel qu'elles ont confectionné pendant l'été.

Mais l'homme aussi apprécie le miel ? Certains élèvent même des abeilles pour en récolter le miel : ce sont les apiculteurs. Lorsqu'un apiculteur extrait le miel de la ruche, il doit, pendant l'automne, alimenter les abeilles avec de l'eau sucrée pour qu'elles ne meurent pas de faim.

De nombreuses personnes mettent un canari en cage parce qu'il chante très bien. Mais pourquoi le canari chante-t-il ?

Tous les oiseaux peuvent chanter, certains mieux que d'autres. Pense par exemple au crissement des corneilles. Grâce aux différents sons qu'elles émettent, elles peuvent communiquer avec leurs congénères. Elles font ainsi savoir quel domaine elles ont choisi comme propriété. Pendant la période des amours, leur chant est interprété comme un appel par les femelles.

Il existe des oiseaux qui peuvent émettre des sons agréables.

Nombreux sont ceux qui pensent que c'est le rossignol qui chante le mieux, mais le canari arrive également en bonne position ! Il considère sa cage comme son domaine privé, et dès que des sons étranges retentissent, il se met à chanter pour défendre son territoire.

Les loutres marines se nourrissent d'animaux marins. Elles raffolent des moules. Comment en ouvrent-elles la coquille ?

La coquille de la moule est très dure et la moule maintient les deux moitiés solidement fermées pour se protéger.

La plupart des animaux marins ne parviennent pas à les ouvrir, mais la loutre a trouvé l'astuce. Elle repêche la moule du fond marin. Ensuite, elle cherche une pierre ou un morceau de roche, puis s'en va à la surface de l'eau où elle fait la planche. La pierre reste sur son ventre. Elle agrippe la moule avec ses pattes et la frappe sur la pierre jusqu'à ce qu'elle s'ouvre ou se brise. Futé, non !

Pourquoi les baleines ont-elles une ouverture d'où elles éjectent régulièrement de l'eau ?

La baleine n'est pas un poisson, mais bien un mammifère. Cela signifie par exemple qu'elle possède des poumons et qu'elle doit donc respirer pour rester en vie.

L'évent est l'ouverture par laquelle elle peut respirer. La baleine est capable de rester longtemps sous l'eau, mais elle doit malgré tout remonter à la surface pour reprendre de l'air.

L'air qui passe dans ses poumons est très humide. Lorsqu'elle respire, on dirait qu'une fontaine jaillit de son dos. Ensuite la baleine peut à nouveau inspirer de l'air frais.

Tu vois parfois beaucoup de méduses dans la mer ou sur la plage. Peuvent-elles mordre ?

Les méduses ont une apparence assez étrange. Lorsque tu en vois sur la plage, elles ont un aspect gélatineux. Sous leur forme sphérique se trouve l'organe qui transforme leur nourriture.

Elles ne possèdent pas de bouche et ne peuvent donc pas mordre. Cependant, elles peuvent piquer! Elles sont capables d'injecter un poison à leur proie grâce à leurs tentacules. Ce venin est assez puissant pour tuer un poisson. La méduse entraîne alors sa proie à l'intérieur de sa masse sphérique.

Le poison libéré par ses tentacules peut provoquer des démangeaisons, par exemple si tu te heurtes à une méduse en nageant dans la mer. Les petites méduses ne sont pas dangereuses pour l'homme, mais plutôt ennuyeuses, n'est-ce pas?

Les animaux possèdent-ils leur propre langage pour communiquer entre eux ?

Comme l'homme, les animaux doivent se transmettre différents messages. Par exemple, lorsqu'un danger les menace ou lorsqu'ils sont attirés l'un par l'autre. Dans ce cas, ils produisent des sons spéciaux que leurs congénères comprennent immédiatement. Les pinsons et les mésanges peuvent siffler de 25 façons différentes pour communiquer.

Les animaux ne sont pas capables d'émettre autant de sons que l'homme, mais ils n'en ressentent de toute façon pas le besoin, car ils disposent d'autres moyens de communication. Un singe comprend directement l'attitude menaçante d'un autre singe. Les couleurs ont également leur importance. L'intérieur du bec d'un oisillon est rouge. Lorsqu'il l'ouvre, ses parents comprennent qu'il a faim et qu'il doit être alimenté.

**Le zèbre semble toujours être vêtu d'un pyjama.
Pourquoi le zèbre a-t-il ces rayures ?**

Le zèbre appartient à la famille équine et vit dans les savanes africaines. Ces savanes sont des plaines sèches parsemées de petits arbustes. Les rayures permettent au zèbre de se faire repérer moins facilement par des carnivores, tels que le lion et le tigre. On peut donc comparer la peau rayée du zèbre à la couleur de camouflage d'un caméléon ou d'une salamandre.

Questions et Réponses
sur la
NATURE

Au printemps, de nombreux arbres sont en fleur. C'est le cas des arbres fruitiers, mais aussi des arbres d'ornement.
Certains restent verts. Ne sont-ils jamais fleuris ?

Qu'un arbre feuillu soit nu en hiver et vert en été ne signifie pas qu'il n'est jamais fleuri. Tous les arbres fleurissent, mais parfois si faiblement qu'on ne le remarque pas.

Certains arbres, comme le noisetier par exemple, n'ont pas de fleurs, mais des chatons. Ces chatons grandissent au printemps et flottent dans le vent, avant que les feuilles n'apparaissent sur les branches. Tu en as certainement déjà vu, mais savais-tu que le noisetier possédait également de minuscules fleurs rouges ? C'est vers la fin janvier et le début du mois de février qu'on peut les observer. Il faut toutefois bien s'en approcher car elles ne sont pas plus grandes que la tête d'un clou.

**Lors de petites fêtes, la maîtresse de maison pro-
pose souvent des cacahuètes à grignoter. D'où
proviennent-elles et comment poussent-elles ?**

La cacahuète, qui pousse au Brésil, est aussi appe-
lée arachide.

Lorsque les fleurs de la plante sont épanouies, les
branches fléchissent vers le bas et poussent le fruit
dans le sol, où il se développe pour donner une
cacahuète.

Presque la moitié de l'arachide consiste en une huile
végétale.

L'homme la transforme alors en huile de table ou en
margarine. Les cacahuètes pressées servent également de nourriture pour le bétail.

Tu as certainement déjà pris une châtaigne en main. Tu sais alors qu'il est difficile d'extraire le fruit lisse de sa cupule piquante. Pourquoi la châtaigne est-elle enveloppée d'une cupule hérissée de piquants ?

Cette cupule piquante est l'écale de la châtaigne, et on peut la comparer à la peau d'une pomme ou d'une poire. La châtaigne est la graine du châtaignier. Au cœur de celle-ci se trouve l'embryon de la nouvelle plante, minuscule, replié et entouré de réserves de nourriture indispensables au germe pour la croissance durant l'été.

Tant les animaux que les hommes apprécient le goût des châtaignes, mais en fait elles ne sont pas destinées à être mangées. C'est pourquoi la cupule piquante sert de protection.

Ainsi, la plupart des animaux s'en désintéressent.

Parfois, les faînes, les noisettes et les noix sont totalement vides lorsqu'on les ouvre. Comment explique-t-on cela ?

Lorsqu'en été, les insectes volent d'arbre en arbre, ils se posent également sur les fleurs des noisetiers et des noyers. Ils laissent le pollen d'une fleur sur le pistil d'une autre.

Les fleurs ainsi fécondées donnent par la suite de véritables fruits pleins.

Le vent emporte également le pollen qui se dépose souvent par hasard au bon endroit. Certaines fleurs sont ainsi fécondées au printemps.

Il est facile de voir clairement ce qui se passe pour certains arbres, comme le hêtre, le noisetier ou le noyer. Lorsque la fleur n'est pas fécondée, un petit fruit vide se développe, mais il ne contient aucune graine.

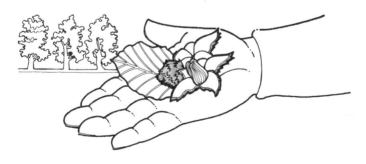

Une multitude de plantes et d'arbres portent des fleurs aux couleurs souvent splendides. En outre, la plupart ont un parfum très agréable. Ces senteurs exquises et ces couleurs ont-elles une utilité ? Laquelle ?

Au cœur des fleurs se trouvent le pistil et l'étamine. Le pistil donnera plus tard un petit fruit qui contient la graine d'une nouvelle plante. Au préalable, le pistil doit être fécondé par le pollen de l'étamine.

C'est le travail d'insectes comme les abeilles et les bourdons. Le pollen reste collé à leur corps et à leurs pattes. Lorsqu'ils emportent le nectar du cœur de la fleur, ils déposent un peu de pollen sur le pistil. La fleur est alors fécondée.

C'est pour attirer les insectes que les fleurs ont des couleurs souvent vives. Les insectes ne sont parfois appâtés que par l'odeur exquise.

La couleur et le parfum des fleurs poursuivent donc le même but : attirer les insectes.

En automne, certains arbres feuillus sont d'un jaune éclatant tandis que d'autres sont rouille. Comment les feuilles prennent-elles ces couleurs ?

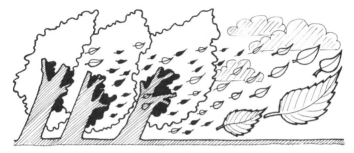

Si tu regardes un arbre feuillu en été, tu ne vois que des feuilles vertes. Pourtant la feuille possède déjà en elle ces autres couleurs. Tu ne parviendras pas à les distinguer car le vert est dominant. En automne, l'arbre se prépare pour l'hiver.

Il a alors besoin de matières nutritives pour passer cette saison.

Le gel peut rendre l'hiver très sec. L'arbre doit alors se débarrasser de son feuillage car il perdrait encore plus de sève pendant la saison hivernale. Voilà pourquoi il extrait toutes les matières nutritives de ses feuilles parmi lesquelles la substance qui confère la couleur verte au feuillage.

Dès que cette substance est extraite de la feuille, les autres couleurs apparaissent, après avoir joué à cache-cache pendant tout l'été.

Un bel ensemble de lignes parcourt chaque feuille. Il s'agit des "nervures". A quoi servent-elles ?

Les nervures de la feuille lui confèrent sa solidité, mais remplissent également d'autres fonctions.

Elles nourrissent la feuille, l'empêchent de se dessécher et en automne en extraient les dernières matières nutritives.

Les nervures servent donc de canaux de transport, de l'arbre vers les feuilles et vice versa.

· NATURE ·

Tu portes souvent des vêtements en coton, en laine ou en lin. D'où viennent ces étoffes ?

Le coton pousse en touffes sur le cotonnier. Cette plante vit principalement dans le sud des Etats-Unis, en Inde, en Egypte et en Asie centrale. Le coton se présente sous forme de filaments emmêlés qui entourent les graines du cotonnier.

Le coton est ensuite filé et tissé en morceaux de tissu. On enroule parfois les fils en pelotes pour pouvoir crocheter ou tricoter. C'est ainsi qu'on en fait des vêtements.

La laine est prélevée sur les moutons. Au printemps, le mouton étouffe dans son épais manteau d'hiver. Il est alors tondu. La laine est également filée et transformée en morceaux de tissu. On peut la filer en pelotes pour pouvoir en tricoter des pulls.

Le lin provient de la filasse, et surtout de la tige de sa plante. Cette tige est alors ''peignée''. Ensuite, on en tisse une étoffe pour faire des serviettes par exemple.

Tu as certainement déjà vu à la télévision des Indonésiens, des Chinois ou des Japonais planter du riz. Pourquoi le plantent-ils dans des champs inondés ?

Il existe différentes sortes de plantes. Certaines espèces, comme les cactus et les différentes plantes grasses, n'ont besoin que de très peu d'eau.

D'autres plantes, comme celles que nous possédons dans notre jardin, doivent être arrosées régulièrement.

Il en existe encore une autre espèce : celle des plantes qui ont un énorme besoin d'eau et qui ne peuvent quasiment pas s'en passer. Il s'agit principalement de plantes vivant dans les marais.

Le riz en fait partie, et ses racines doivent être plongées dans l'eau d'un champ inondé. C'est ainsi que la plante pousse le mieux. Lorsque le riz est à maturité, on évacue l'eau pour le récolter plus facilement. Aujourd'hui, il existe des sortes de riz cultivées sur terrain sec, mais la plupart le sont encore dans des champs inondés.

Lorsqu'en été il fait très chaud, l'homme cherche souvent un peu de fraîcheur dans le bois. Pourquoi y fait-il plus frais que dans le jardin sous un arbre ?

Dans un bois, l'ombre est surtout plus importante que sous un seul arbre. Pourtant elle n'explique pas la fraîcheur du bois, qui provient principalement de l'air humide.

Les arbres et les plantes sauvages aspirent l'eau du sol à l'aide de leurs racines. Cette eau est transportée par des petits canaux jusqu'aux feuilles où elle s'évapore.

L'évaporation nécessite de la chaleur; ainsi, lorsqu'il fait chaud, la quantité d'eau évaporée est plus importante que lorsqu'il fait froid. Cette chaleur est extraite de l'air.

Il fait donc plus humide, mais aussi plus frais dans le bois, où les plantes sont nettement plus nombreuses que dans notre jardin.

Une plante possède parfois des racines qui émergent du sol. A quoi servent-elles ?

Tu as certainement déjà vu une plante d'appartement dont la tige ne portait pas seulement des grandes feuilles, mais aussi des "branches" boisées orientées dans tous les sens. Ce ne sont bien entendu pas des branches, mais bien des racines apparentes. Chez certaines plantes, ces racines poussent jusque dans le sol. Elles peuvent ainsi en extraire les matières nutritives. Chez d'autres plantes, ces racines, plus courtes, flottent dans l'air. Ces plantes n'en retirent que l'humidité et l'eau de pluie. Voilà pourquoi ces racines apparentes sont recouvertes d'une couche qui leur est propre.

Sous cette feuille se trouvent un ou plusieurs bourgeons, qui germent pendant l'été. De longues tiges en émergent, elles formeront la nouvelle plante. Dans ce cas, la pomme de terre n'a pas directement besoin de terre.

Elle peut également germer chez toi, dans ta cave. Tu peux alors la voir lentement se ratatiner. Les pousses, non comestibles, se nourrissent des meilleurs éléments nutritifs présents à l'intérieur de la pomme de terre. Il ne te reste qu'une pomme de terre dure, nettement moins riche en éléments nutritifs que pendant l'automne.

Certaines confiseries vendent de la réglisse. Pousse-t-elle sur un arbre ou sur un buisson ?

La réglisse est une plante d'Europe méridionale. Il s'agit d'une espèce de buisson que nous appelons un arbrisseau. Elle peut également pousser dans nos régions, en des endroits abrités.

Les racines sont parfois vendues en bâtons comme bonbons. Il suffit de les sucer pour en savourer le jus sucré, dont l'industrie se sert pour faire de la réglisse.

Elle peut aussi faire partie des composants de certains médicaments. Par exemple, le sirop contre la toux contient du jus de réglisse.

Les sorciers sont des personnes qui, jadis, mélangeaient des plantes pour en faire des remèdes. On pensait alors que leur médecine était une sorte de potion magique mystérieuse. Le pouvoir curatif de ces plantes résidait-il dans leurs feuilles ou dans leurs racines ?

Toutes les plantes ne donnent pas le même résultat. Le pouvoir curatif réside dans les feuilles, dans les tiges ou encore dans les racines selon les plantes. Ces dernières possèdent des petites cellules qui leur permettent de produire des huiles et des graisses. Les plantes s'en servent pour s'entretenir ou pour soigner leurs propres blessures. Il suffit de penser à la résine du pin. De plus, ces substances ont souvent un parfum très agréable ?

La plupart de ces huiles et de ces graisses soignent les plantes, mais également les hommes. L'industrie les utilise d'ailleurs pour fabriquer des médicaments.

Il existe différentes références littéraires sur les plantes curatives. Pour t'en persuader, jette un coup d'œil dans une bibliothèque !

Les plantes se nourrissent des matières nutritives et du liquide que leurs racines extraient du sol. Existe-t-il aussi des plantes carnivores ?

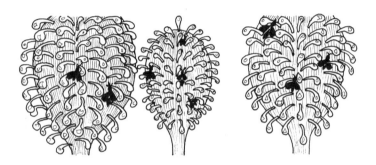

C'est peut-être difficile à croire, mais c'est réel. Dans nos régions, elles vivent à l'état sauvage et s'appellent rossolis. Elles doivent leur nom au fait que des gouttes perlent le long de leurs feuilles.

Les insectes pensent qu'il s'agit de véritables gouttes de rosée. Ils se posent sur la plante, y restent collés et sont digérés par elle.

Il existe d'autres espèces de plantes insectivores dans les tropiques. Parmi celles-ci, les ''dionées attrape-mouches'' dont les feuilles se referment comme un piège dès qu'une mouche ou tout autre insecte s'y pose.

Il existe même des plantes carnivores sur le fond marin.

**Il y a quelques siècles, les Européens ne
connaissaient pas encore la pomme de terre.
Tu en manges presque tous les jours.
D'où proviennent-elles ?**

Lorsqu'au XVIe siècle les Espagnols débarquèrent
au Pérou et au Chili, ils constatèrent que les Indiens
arrachaient des tubercules du sol pour les manger.
Les Espagnols rapportèrent la plante en Europe,
mais au début, les hommes s'en servaient uniquement comme plante ornementale.
Ce n'est qu'au cours de la grande famine du XVIIIe
siècle qu'on redécouvrit le tubercule comestible de
la pomme de terre.
Les Anglais se mirent à la cultiver et elle devint l'aliment du peuple.
Aujourd'hui, les pommes de terre sont utilisées pour
faire de la fécule, des frites, du glucose et beaucoup
d'autres choses. La pomme de terre sert également
d'aliment pour le bétail.

Lorsque tu épluches des pommes de terre, il faut en ôter des petits points, parfois assez profonds. On les baptise des ''yeux''. De quoi s'agit-il exactement ?

Il est évident que ces ''yeux'' ne permettent pas à la pomme de terre de voir. Il s'agit de petits points sur lesquels la peau a disparu. Si tu les observes de près, tu peux remarquer que chaque point possède une minuscule feuille à son extrémité.

Sous cette feuille se trouvent un ou plusieurs bourgeons, qui germent pendant l'été. De longues tiges en émergent, elles formeront la nouvelle plante. Dans ce cas, la pomme de terre n'a pas directement besoin de terre.

Elle peut également germer chez toi, dans ta cave. Tu peux alors la voir lentement se ratatiner. Les pousses, non comestibles, se nourrissent des meilleurs éléments nutritifs présents à l'intérieur de la pomme de terre.

Il ne te reste qu'une pomme de terre dure nettement moins riche en éléments nutritifs que pendant l'automne.

Il existe du vin blanc et du vin rouge. Le vin rouge est-il toujours fait à base de raisin noir et le vin blanc à base de raisin blanc ?

L'intérieur des raisins est tout à fait identique.

La pulpe est presque incolore.

Seule la fine peau du raisin change de couleur.

Pour obtenir du vin rouge, on laisse reposer la peau du raisin noir. Le vin prend alors une couleur plus ou moins rouge.

Mais il est possible de faire du vin blanc à partir de raisin noir. Pour ce faire, il faut en ôter au préalable la peau noire.

En revanche, il n'est pas possible de faire du vin rouge à partir de raisin blanc, car sa peau ne possède pas cette matière colorante rouge.

Tu peux peut-être te demander pourquoi on ne produit pas tout le vin blanc à partir d'une seule sorte de raisin.

En fait, cela provient de la différence de goût entre les vins fabriqués à partir des deux sortes de raisin.

Si tu appuies ta main sur le tronc d'un pin, tu sens quelque chose de collant. De quoi s'agit-il ?

Quand tu te blesses, tu saignes. Le sang se coagule et forme une croûte pour éviter que la saleté ne se dépose sur la blessure.

Un arbre peut également se blesser. Un liquide poisseux apparaît alors sur la blessure. Il s'agit de la résine.

Elle protège ainsi l'arbre contre les impuretés et le dessèchement. Certains arbres contiennent plus de résine que d'autres. Les pins font partie de ce groupe.

· NATURE ·

Les cactus poussent dans des régions désertiques où il ne pleut presque jamais. Combien de temps un cactus peut-il tenir sans eau?

Le cactus se remplit d'eau en l'aspirant lors des rares précipitations qui surviennent dans les déserts.

Il s'emplit sans difficulté car ses racines sont parfois enfouies à plusieurs mètres de profondeur dans le sol et absorbent toute l'humidité qui se trouve dans leur voisinage.

Le tissu de cette plante peut lui-même engranger de grandes quantités d'eau. Nettement plus qu'une plante de jardin par exemple. Cette eau lui est indispensable pour tenir jusqu'à l'averse suivante qui peut mettre des années à venir.

Entre deux précipitations, la seule eau qu'il absorbe est celle de la rosée nocturne, ce qui ne représente pas grand-chose.

En période de forte sécheresse le cactus se ratatine, ressemblant parfois à un vieil homme tout rabougri. Néanmoins, il meurt rarement.

Lors des pluies suivantes, il fait à nouveau le plein d'eau et reprend sa forme initiale.

L'aspect extérieur d'un cactus ressemble à la peau d'un porc-épic. A quoi servent les épines du cactus ?

Les cactus ne sont pas seuls dans le désert; des animaux y vivent également. Certains d'entre eux, comme les serpents ou les scorpions, s'enfouissent dans le sable pendant la journée car la chaleur y est trop accablante.

Dès la tombée de la nuit, ils partent à la recherche de nourriture et d'humidité. Tu t'imagines dès lors qu'un cactus juteux est une véritable aubaine pour ces animaux assoiffés.

Ses épines le protègent contre la gloutonnerie de tels animaux. Sans elles, il disparaîtrait rapidement du désert.

Pourquoi les épineux restent-ils verts en hiver alors que tous les arbres feuillus perdent leur feuillage ?

As-tu déjà pris en main une feuille de houx ou de laurier ?

Si oui, tu sais alors que ces feuilles sont dures et épaisses et que leur couche supérieure est lisse.

Les aiguilles des épineux possèdent également cette couche lisse et cireuse, qui protège la feuille ainsi que l'arbre contre le dessèchement.

Les arbres feuillus ne possèdent pas cette couche protectrice et doivent dès lors, en automne, se débarrasser de leurs feuilles. Ils se dénudent alors.

Les épineux ainsi que les buissons, comme le houx et le laurier, ne perdent que très peu d'humidité grâce à l'aspect cireux de leurs ''feuilles'' qu'ils peuvent dès lors conserver.

Sur certaines feuilles on trouve parfois des moisissures. De quoi s'agit-il exactement ?

Il est possible de trouver de la moisissure partout. Parfois même dans des conserves de fruits malmenées ou pas complètement hermétiques.

Les moisissures sont en fait des plantes filamenteuses qui forment des fils et des touffes. Elles se reproduisent grâce à des spores (un champignon est également une sorte de moisissure).

Les moisissures sont les parasites de la nature. Elles trouvent leur subsistance sur le support auquel elles s'accrochent, et sont souvent nocives pour l'homme. Dès lors, il vaut mieux en rester à l'écart.

Cependant, elles sont parfois utiles: il existe par exemple une moisissure baptisée le *Penicillium notatum* (pas facile, n'est-ce pas ?). Elle a servi à mettre au point la pénicilline, ce médicament qui aide notre corps à combattre les bactéries et virus pathogènes.

Les pucerons se nourrissent de la sève des plantes qu'ils tuent lentement. Dans le voisinage des pucerons, on trouve souvent des fourmis. Que cherchent-elles à cet endroit ?

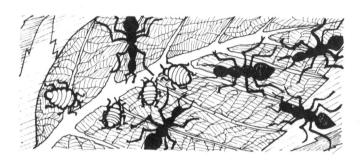

Les pucerons causent de nombreux dégâts aux plantes. Ils plongent leur bec dans la feuille et en sucent la sève.

Ils sécrètent une sorte de matière sirupeuse et sucrée, le miellat. Les petites ouvertures pratiquées dans les feuilles sont totalement recollées.

La feuille ne perd pas seulement sa sève, elle est incapable de respirer et meurt lentement.

Les fourmis sont friandes de tout ce qui est sucré. Elles protègent les pucerons car elles raffolent du miellat, qu'elles emportent vers leur fourmilière.

Voilà pourquoi une fourmi ne fera jamais de mal à un puceron.

· NATURE ·

Il est possible de réaliser de jolies choses au moyen des bouchons en liège provenant des bouteilles de vin. Tu peux découper des pions pour un jeu de dames ou confectionner des figurines pour ta propre crèche de Noël. D'où vient le liège ?

On trouve du liège dans l'écorce de presque tous les arbres.

Ce n'est que lorsque l'écorce est très jeune, comme dans le cas d'arbustes ou de nouvelles branches, que la couche de liège n'est pas encore formée.

Cette couche est très fine chez certaines espèces d'arbres.

La surface du tronc et des branches est alors nue; c'est le cas du noisetier et du hêtre.

D'autres arbres, comme le chêne-liège, en sont recouverts d'une épaisse couche. Celle-ci est grattée pour être collectée. La plupart du temps, on en fait des bouchons pour fermer les bouteilles.

Aujourd'hui, le liège est également utilisé pour les dalles murales ou les revêtements de sol. Les déchets sont employés pour la fabrication du linoléum servant à recouvrir les sols.

Le pain fourré de raisins de Corinthe et de raisins secs est délicieux. De quelles sortes de fruits s'agit-il et quelle est leur origine ?

Ces deux sortes de raisins proviennent principalement de Grèce et d'Asie Mineure.

Elles sont obtenues à partir de raisins habituels que l'on expose au soleil après la récolte pour les faire sécher.

Pourquoi ne les appelle-t-on pas tous des raisins secs ? Tout simplement parce que ces deux espèces ne proviennent pas des mêmes raisins.

Les raisins de Corinthe sont les fruits séchés d'une sorte de petits raisins foncés presque sans pépins. C'est pourquoi ils sont plus foncés et moins juteux que les raisins secs. Ils sont d'abord venus de Corinthe, d'où leur nom !

Les bananes sont regroupées en grands régimes courbés. Pourquoi les bananes sont-elle courbées et poussent-t-elles sur un arbre ou sur un buisson ?

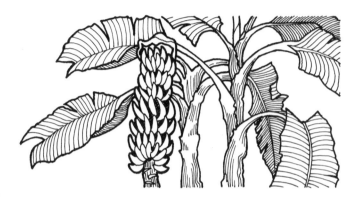

Le bananier est la plante sur laquelle poussent les bananes. Il ne s'agit pas à proprement parler d'un arbre. Tu peux plutôt te le représenter comme une sorte de touffe d'herbes immenses, car la plante peut atteindre une hauteur de dix mètres.

Ses gigantesques feuilles peuvent mesurer six mètres de long. Lorsque la fleur s'épanouit, il y pousse un régime de fruits. Pendant leur maturation, ces fruits sont déjà orientés vers le soleil, ce qui les rend courbés. Pourquoi les bananes sont-elles courbées ? En fait, tout simplement parce qu'elles ne peuvent pas pousser droites! Elles se dirigent vers la lumière car celle-ci leur est indispensable.

Questions et Réponses
sur la
TERRE

Si tu marches dans la rue par une nuit claire, tu auras l'impression que la Lune avance également. Pourquoi t'accompagne-t-elle ?

Lorsque tu te trouves dans un train ou dans une voiture, tout ce qui est très près de toi défile très vite. Nous pouvons suivre assez longtemps du regard tout ce qui se présente à l'horizon. Cela nous donne l'impression de rester sur place.

Il en va de même en ce qui concerne la Lune. Elle est si éloignée de nous qu'on ne la perd jamais des yeux, même en marchant.

Nous la voyons toujours du même côté, exactement comme si elle nous accompagnait. Charmant, n'est-ce-pas ?

· TERRE ·

Pourquoi, lors de certaines nuits claires, la Lune n'est-elle plus visible, alors que toutes les étoiles se détachent dans le ciel ?

Notre Terre est en orbite autour du Soleil. De plus, chaque jour, elle pivote sur son propre axe.

A son tour, la Lune tourne autour de la Terre. Elle ne nous envoie pas de lumière, mais elle est éclairée par le Soleil. Lorsque tu vois l'obscurité tomber, c'est que le côté de la Terre où tu te trouves est éloigné du Soleil.

Lorsque la Lune, dans son orbite, se trouve de notre côté, elle est visible. Elle est parfois à l'opposé, donc entre le Soleil et la Terre. Dans ce cas, nous ne pouvons la voir.

On l'aperçoit parfois pendant la journée, parfois en soirée.

Heureusement, la nuit, nous voyons toujours les étoiles, du moins quand le ciel est dégagé. Nous ne sommes donc pas du tout seuls!

Lorsque le Soleil se couche, il est parfois tout rouge. Pourquoi sa couleur change-t-elle ?

La lumière blanchâtre du Soleil consiste en un faisceau de différentes ondes lumineuses que nous sommes bien entendu incapables de distinguer ? Ces ondes, qui ont toutes une longueur différente, forment ensemble la lumière blanche.

Lorsqu'elles heurtent de l'eau, du verre ou des particules de poussière, elles s'y réfléchissent. Elles se séparent et donnent à notre œil une impression de couleurs différentes. Plus la longueur d'ondes des rayons est grande, moins ils sont déviés.

Le rouge a la plus grande longueur d'ondes; viennent ensuite l'orange, le jaune, le vert, le bleu, l'indigo et le violet.

Le soir, lorsque le Soleil se couche, sa lumière nous arrive obliquement. Cela signifie que les ondes lumineuses doivent parcourir une plus longue distance pour nous toucher.

Les ondes lumineuses ''rouges'' sont les plus longues; elles sont moins déviées et nous atteignent donc plus facilement.

C'est pourquoi le Soleil nous semble rouge, mais en fait il ne l'est pas.

La lumière du Soleil s'obscurcit parfois au beau milieu de la journée. Comment une éclipse solaire survient-elle ?

La Terre décrit un cercle autour du Soleil.

La Lune quant à elle est en orbite autour de notre planète. Lorsque la Lune, dans sa trajectoire, se positionne entre la Terre et le Soleil, les rayons de ce dernier ne nous parviennent plus. La Terre est alors plongée dans l'obscurité. Nous appelons ce phénomène une éclipse solaire totale.

Il arrive qu'un peu de lumière nous parvienne; dans ce cas, nous parlons d'éclipse solaire partielle.

En été, il peut faire jour jusque vers 22 heures 30, alors qu'en hiver l'obscurité tombe déjà vers 17 heures. Pourquoi ?

En hiver, l'hémisphère nord de la Terre est plus éloigné du Soleil que l'hémisphère sud. Les rayons du Soleil atteignent parfaitement la partie méridionale tous les jours tandis qu'ils ne réchauffent que très peu la partie septentrionale où tu habites.

Par conséquent, le Soleil nous procure moins de lumière, mais également moins de chaleur chaque jour. Voilà pourquoi il fait plus froid dans nos régions en hiver.

En été, le phénomène est inversé. L'hémisphère nord de la Terre est alors plus proche du Soleil que l'hémisphère sud. Chez nous, c'est l'été, alors que c'est l'hiver chez les Australiens.

Certains programmes de télévision sont retransmis par ''satellite''. Qu'est-ce qu'un satellite ?

En réalité, un satellite est un corps céleste appartenant à une planète. Par exemple, la Lune est un satellite de la Terre.

De la même façon, d'autres planètes possèdent des satellites ou des lunes. Ainsi, Mars en possède deux et Jupiter seize !

De nos jours, les hommes fabriquent également leurs propres satellites artificiels. Ils les éjectent de notre atmosphère et les placent en orbite autour de la Terre (ou d'une autre planète), à l'instar de la Lune.

Ces satellites artificiels emmènent avec eux une multitude d'instruments de mesure. En outre, ces satellites peuvent renvoyer sur Terre tout ce qu'ils ont observé.

Bon nombre d'entre eux sont utilisés pour sonder l'espace.

Il en existe aussi dont la mission est de relayer des programmes de télévision ou d'établir des liaisons téléphoniques lointaines.

La rumeur dit qu'il faut faire un vœu lorsqu'on aperçoit une étoile filante. Qu'est-ce qu'une étoile filante ?

Dans l'Univers, des fragments de toutes tailles flottent entre le Soleil, la Lune, les étoiles et les autres planètes. Ces fragments, souvent composés de roches et parfois de métaux, sont baptisés météores. Quand ils passent trop près de la Terre, ils sont attirés par la force de gravitation de notre planète et pénètrent dans l'atmosphère.

Par ailleurs, tu sais que, lorsque tu frottes tes mains très vite l'une contre l'autre, elles se réchauffent. La couche externe du météore provenant de l'Univers subit, de la même manière, un frottement au contact de l'air de notre atmosphère. Ce mouvement est bien plus rapide et la température du météore augmente de façon vertigineuse !

Leur allure est si vive et leur couche externe si chaude, qu'ils s'illuminent un instant et se consument souvent entièrement.

Les étoiles filantes ne sont pas en fait de véritables étoiles, mais plutôt des météores ou météorites.

La Terre est enveloppée dans une atmosphère. La plupart du temps, la vapeur d'eau est transparente. Dès lors, pourquoi voyons-nous un ciel bleu lorsque nous levons la tête ?

La lumière blanchâtre du Soleil est un faisceau d'ondes lumineuses de toutes sortes, composé de toutes les couleurs de l'arc-en-ciel. C'est ce que nous venons de t'expliquer.

Nous avons également dit que ces ondes lumineuses heurtaient toutes sortes de matières et de gaz qui les déviaient.

Cinq des sept couleurs sont à peine déviées et disparaissent presque directement dans l'atmosphère. Ce sont les deux dernières couleurs, le bleu et le violet, qui sont les plus fortement déviées par les gaz et autres particules. Ces couleurs sont alors réfléchies dans toutes les directions. Voilà l'explication de l'aspect bleuté du ciel.

**Lorsque l'orage gronde, tu vois toujours l'éclair
en premier lieu. Le tonnerre ne se fait entendre
qu'ensuite. Pourquoi leur action n'est-elle pas
toujours simultanée ?**

La vitesse de la lumière est plus élevée que celle du
son.

Dès lors, la lumière parvient à nos yeux plus rapidement que le bruit à nos oreilles.

Plus la distance entre l'éclair et notre position est
grande, plus le tonnerre mettra du temps à se faire
entendre.

Après une bonne averse, il est fréquent d'apercevoir un arc-en-ciel. Comment l'arc-en-ciel obtient-il ces ravissantes couleurs ?

Un arc-en-ciel ne peut se dessiner que pendant la journée, la plupart du temps après une forte averse ou un orage. L'air est alors très humide, et plein de petites gouttes d'eau sur lesquelles la lumière blanchâtre du Soleil se divise en sept couleurs: rouge, orange, jaune, vert, bleu, indigo et violet.

Lorsqu'un arc-en-ciel étincelant se détache sur l'horizon, il est parfois possible d'en voir un second un peu plus loin. Ses couleurs sont plus faibles et leur ordre est inversé.

Jadis, les hommes, qui ne s'expliquaient pas l'origine de ce phénomène, en avaient peur. Ils pensaient que c'était le début d'une catastrophe.

Un jour, les vents sont calmes, le lendemain, ils se déchaînent. D'où provient le vent ?

Le Soleil réchauffe la Terre, de manière irrégulière selon les endroits. L'air situé au-dessus des lieux les plus réchauffés est par conséquent plus chaud.

Par ailleurs, l'air chaud est plus léger que l'air froid de sorte qu'il monte. Tu peux en faire l'expérience chez toi en regardant au-dessus du chauffage ou du poêle. Le plafond y est plus noir (à cause des particules de poussière projetées) que dans le reste de la pièce. Les couches d'air plus froid sont plus lourdes et glissent sous l'air chaud.

Le vent n'est autre que ce déplacement d'air, qu'on ressent davantage à la mer. Le vent y souffle presque en permanence car l'air marin plus froid glisse sous l'air continental ascendant plus chaud.

Le vent n'est donc que de l'air se déplaçant d'un endroit vers un autre.

Tu peux également faire du vent en agitant un morceau de papier ou un éventail par exemple.

Dans leurs bulletins, les météorologistes parlent tantôt de tornade, tantôt d'ouragan. Quelle est la différence ?

L'ouragan et la tornade sont de fortes tempêtes souvent capables de causer d'importants dégâts. Il existe néanmoins une différence entre leurs mouvements.

L'ouragan est une tempête dont les vents se déplacent à une vitesse de 29 mètres par seconde.

La tornade est un tourbillon puissant mais local.

Un ouragan peut donc causer des dégâts sur une longue distance avant de s'affaiblir.

La tornade n'occasionne que des dégâts ponctuels, mais considérables !

Les cyclones et les tourbillons sont tous deux des vents tourbillonnants, mais alors en quoi sont-ils différents ?

Nous venons de voir que la tornade est un vent tourbillonnant puissant et localisé.

Un cyclone est également un vent de ce type mais qui ne se maintient pas à un seul endroit ! Il progresse en tournoyant à une vitesse élevée et aspire tout ce qu'il rencontre sur son passage.

Les vents d'un tourbillon sont plus puissants que ceux d'un cyclone, mais le phénomène est davantage circonscrit. Celui-ci peut surgir sur l'eau ou sur la terre.

Le Maelström est un tourbillon marin qui, en son centre, aspire l'eau écumeuse et la projette à une hauteur allant de 50 à 60 mètres. Le mur aquatique qu'il forme atteint parfois une largeur de 60 mètres.

Lorsqu'il gèle, pourquoi les précipitations tombent-elles tantôt sous la forme de neige, tantôt sous la forme de grêle ?

Tant la neige que la grêle proviennent de nuages de pluie qui sont propulsés par les vents dans les couches d'air glacial supérieures. La vapeur d'eau des nuages y est congelée.

Lorsque l'air sous le nuage est aussi glacial, les gouttelettes gelées tombent, se heurtent à d'autres gouttelettes gelées, et se refroidissent mutuellement, faisant apparaître les flocons de neige.

Il arrive que le dessous d'un nuage soit plus chaud que sa couche supérieure. C'est souvent le cas des nuages d'orage.

Une particule de glace de la couche supérieure tombe dans la partie inférieure plus chaude et se met à fondre légèrement.

Cette particule fondante remonte en même temps que la couche inférieure chaude et humide et gèle à nouveau. Lorsque ce phénomène se répète, la couche de glace extérieure s'épaissit.

Lorsque le petit bloc de glace est trop lourd, il tombe sous la forme de grêlons.

Certains matins d'automne, un épais brouillard tombe sur le pays. D'où vient-il ?

Pendant la journée, le Soleil réchauffe la Terre. La nuit, cette chaleur s'estompe.

En automne, il peut encore faire très chaud durant la journée, alors qu'un froid pénétrant s'installe la nuit.

Pendant le jour, le Soleil réchauffe alors la Terre et évapore une partie de l'humidité. Cette humidité se transforme en vapeur dans la couche d'air chaud. La Terre perd une bonne partie de sa chaleur car les nuits sont très froides. La Terre n'est pas la seule à se refroidir; c'est aussi le cas de l'air. Cet air froid se compresse et absorbe moins d'humidité qui se transforme en gouttelettes formant un véritable nuage. Lorsque ce nuage est trop lourd, il reste en suspension juste au-dessus du sol.

· TERRE ·

Les matins d'hiver, une fine couche blanche recouvre les pelouses, les arbres et les buissons. Si ce n'est pas de la neige, de quoi s'agit-il alors ?

Chaque soir, l'air se refroidit et l'excédent d'humidité se dépose sur l'herbe, les plantes et les arbres. Toute cette humidité n'est pas que de la rosée ! Les plantes respirent aussi par de petites ouvertures, et les particules d'humidité dégagées par leur respiration apparaissent la nuit sous la forme de gouttelettes situées à leurs extrémités. Les plantes respirent également pendant la journée, mais cette humidité est absorbée par l'air, ce qui n'est pas possible pendant la nuit car l'air est déjà trop chargé d'humidité.

Lorsqu'en plus le thermomètre descend sous zéro, ces gouttelettes gèlent et forment cette couche blanche que tu aperçois à ton lever sur l'herbe, les plantes et les arbres.

Il existe sur notre planète des volcans qui entrent encore régulièrement en éruption. Comment explique-t-on ces phénomènes ?

Tu as certainement déjà observé un bouton épais. Lorsque la tension à l'intérieur du bouton est trop forte, la fine peau qui l'enveloppe éclate et le pus en sort.

Il en va presque de même pour les éruptions volcaniques.

On pourrait d'ailleurs baptiser les volcans les ''boutons de la Terre''. La pression à l'intérieur d'un tel volcan est toutefois nettement supérieure à celle d'un petit bouton.

Le cœur liquide de la Terre renferme des gaz qui la mettent sous pression. La tension finit par être si forte que la surface de la Terre se fend et que son contenu en jaillit.

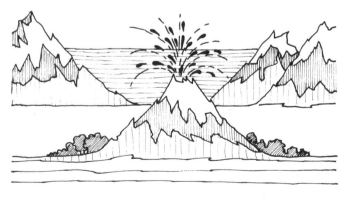

Les tremblements de terre peuvent provoquer des dégâts considérables. Pourquoi la Terre tremble-t-elle, la plupart du temps, dans les mêmes régions ?

La croûte terrestre n'est pas un sol uniformément ferme. Elle se compose de plusieurs couches.

D'ailleurs, l'intérieur de la planète ne s'est pas encore refroidi. Il suffit, pour le constater, de regarder la lave qui jaillit de temps à autre des volcans, les sources d'eau chaude et autres geysers, comme en Islande par exemple.

Tant que ce refroidissement n'est pas terminé, la Terre continuera de bouger ici et là, principalement où la croûte est la plus fine, mais aussi aux endroits où les différentes couches rocheuses se heurtent et glissent les unes sous les autres. Nous les appelons les ''lignes de fracture''.

Ni la France, ni la Belgique ne se trouvent sur de telles lignes. Aucun tremblement de terre important n'est donc à craindre dans nos régions.

La plupart des tremblements surviennent sur le fond marin que nous n'habitons pas !

· TERRE ·

Il peut être dangereux de se promener dans une région marécageuse. Comment les marais se forment-ils ?

L'apparition d'un marais peut trouver plusieurs explications.

La plupart du temps, le sous-sol est composé d'argile ou de glaise qui ne laissent presque pas filtrer l'eau.

L'eau qui se trouve sur la partie la plus basse de cette couche ne peut plus en sortir et y reste donc prisonnière.

Les déchets végétaux de plantes mortes se décomposent dans l'eau et finissent par former un fond mou, tendre et boueux.

L'air en suspension au-dessus d'un marais n'est pas toujours sain. Les plantes à l'état de décomposition laissent échapper des gaz parfois inflammables.

Jadis la France et la Belgique étaient parsemées de nombreux marais. On en a asséché une bonne partie, mais pas tous car des plantes et des animaux particuliers y vivent.

En France, nous connaissons la Sologne et en Belgique, ''De Zegge'' en Campine anversoise.

Une source est souvent le début d'un ruisseau ou même d'un fleuve, comme le Rhin. D'où une telle source surgit-elle ?

L'eau souterraine coule sous la surface de la Terre. Elle peut parfois se frayer un passage vers l'extérieur aux endroits où la croûte terrestre est la plus tendre. L'eau trouve alors un passage aisé vers un point toujours plus bas.

Différents petits cours d'eau viennent s'ajouter et, progressivement, ils forment ensemble d'abord un ruisseau puis un fleuve qui finit par se jeter dans la mer ou dans un lac.

De nombreuses personnes apprécient l'eau minérale. Qu'a-t-elle de particulier ?

L'eau minérale a dissous dans les profondeurs de la croûte terrestre toutes sortes de minéraux et de sels.

Voilà pourquoi elle a souvent un autre goût que celle du robinet.

Beaucoup d'entre nous pensent que tous ces minéraux et ces sels sont excellents pour la santé.

Il existe aussi des stations thermales où les bains d'eau minérale sont conseillés pour soigner les patients qui s'y rendent.

A certains endroits l'eau chaude jaillit du sol ou bouillonne. Nous appelons ces points des "geysers". Comment surgissent-ils ?

Lorsque ta mère met une casserole pleine d'eau sur la cuisinière et qu'elle la porte à ébullition, il en sort de la vapeur.

Si elle ne diminue pas la source de chaleur sous la casserole, l'eau finira par bouillir et déborder.

Un geyser naturel fonctionne de la même façon.

La pluie, la neige et l'eau des glaces traversent la couche supérieure et pénètrent le sol pour s'amasser dans des cavités.

La chaleur de·la planète réchauffe cette eau. Lorsqu'elle bout, la vapeur se dégage et la pression dans la cavité souterraine augmente si fort que la vapeur ainsi qu'une partie de l'eau bouillante sont énergiquement projetées vers l'extérieur.

L'Islande n'a pas le monopole des geysers, il en existe aussi dans le parc de Yellowstone aux Etats-Unis.

On trouve souvent un lac sur le sommet d'un volcan éteint. Comment se forme-t-il ?

Lorsqu'un volcan est éteint, sa cheminée se remplit parfois d'eau.

Cela peut arriver de deux façons. L'eau peut surgir de l'intérieur du volcan et rester dans le large cratère refroidi.

Mais il arrive que le cratère se ferme de l'intérieur et soit ainsi recouvert d'une couche de lave fondue impénétrable. Dans ce cas, toute l'eau de pluie s'amasse dans le cratère et n'en sort plus. Ces lacs de cratère sont profonds et la plupart du temps arrondis. Les "Maare" dans l'Eifel en Allemagne en sont un exemple.

La mer est toujours en mouvement. Comment explique-t-on la formation des vagues ?

Si tu souffles dans un récipient rempli d'eau, elle se met en mouvement. Tu fais de petites vagues.

La plupart des vagues en mer surviennent de la même manière.

Le vent souffle sur l'eau qui ondule et finit par former de véritables vagues. Toutefois, elles ne sont pas toutes provoquées par le vent ! Les mouvements des marées en sont aussi la cause.

Enfin, le fond marin peut être le théâtre de mouvements de la croûte et d'éruptions volcaniques qui engendrent également des vagues, si énormes qu'on les appelle des raz-de-marée.

Ces raz-de-marée peuvent causer d'importants dégâts lorsqu'ils atteignent la côte en inondant de vastes régions.

Pourquoi la mer ne déborde-t-elle pas alors que les fleuves ne cessent de l'alimenter ?

L'eau de mer s'évapore sous l'effet de la chaleur du Soleil. Cette vapeur monte et forme les nuages, emportés par le vent non seulement au-dessus d'autres mers mais également sur les continents. Puisque l'air est plus froid en haute altitude, la vapeur forme des gouttes de pluie qui tombent sous la forme de précipitations.

Cette eau de pluie est recueillie par les fleuves qui l'acheminent à nouveau vers la mer. Lorsque les couches d'air supérieures sont vraiment froides, comme en hiver ou sur les sommets les plus élevés, des cristaux de glace se forment dans les nuages. Les précipitations tombent alors sous la forme de grêlons, de glace ou de neige. Le Soleil fait fondre cette glace et permet à l'eau de rejoindre à nouveau la mer via les fleuves.

C'est donc toujours la même eau qui se jette dans la mer.

L'eau de mer est salée. D'où provient en fait tout ce sel marin?

Le sel est présent dans le sol. Lorsqu'il pleut, l'eau pénètre le sol. De petites particules salées, présentes dans les roches, se dissolvent et parviennent à la mer via les ruisseaux et les fleuves.

Chaque jour, la chaleur du Soleil évapore un peu d'eau de mer. Le sel ne s'évapore pas, et reste donc dans la mer. L'eau de mer évaporée retombe sous la forme de précipitations légèrement salées.

Voilà pourquoi la mer contient chaque jour un peu plus de sel.

On trouve, le long des côtes norvégiennes, des fjords. Qu'est-ce qu'un fjord ?

Pendant les périodes glaciaires, les endroits où sont situés les fjords aujourd'hui étaient des glaciers. Cette glace se dirigea lentement vers la mer.

Sur sa trajectoire, elle exerça un frottement sur le sol et sur les roches qu'elle éroda en grande partie. A la fin de cette période, lors de la fonte des glaces, de profondes criques apparurent en ces endroits. En outre, ces fontes firent monter le niveau des mers qui inondèrent les criques profondes.

Les toundras se trouvent en Sibérie et loin au nord de la Norvège et de la Finlande. Qu'est-ce qu'une toundra ?

Les températures sont toujours très basses près du pôle Nord.

Il y gèle pendant presque toute l'année et la neige y est abondante.

En été, les fontes surviennent. Elles ne durent pas longtemps et la chaleur n'est jamais suffisante pour dégeler le sol.

Celui-ci ne dégèle d'ailleurs que sur quelques centimètres de profondeur.

Aucun arbre, aucune grande plante n'y pousse. Seule la mousse, aux racines peu profondes, peut vivre sur ce sol gelé et humide.

La toundra est donc une immense plaine recouverte de mousses et dont le sol est perpétuellement gelé.

La Mer Morte se trouve en Palestine. Pourquoi lui avoir donné ce nom ?

La Mer Morte est la mer la plus salée de notre planète.

Sa salinité y est si élevée qu'on y flotte automatiquement.

Cette teneur en sel s'explique par le fait que l'eau s'évapore, mais qu'aucun apport d'eau fraîche n'intervient. Il y fait en effet torride et les précipitations sont quasi inexistantes.

L'eau y est tellement salée qu'aucune plante ni aucun animal ne peuvent y vivre, y compris sur ses rives.

Tu comprends maintenant pourquoi les hommes l'ont baptisée de la sorte.

Certaines îles sont dites coralliennes. Que sont les coraux et en quoi cela concerne-t-il les îles ?

Le corail est formé par les coralliaires. Ceux-ci sont de toutes petites bêtes qui vivent souvent en immenses groupes dans la mer.

Lorsqu'ils meurent, leurs squelettes, faits de calcaire, s'attachent à ceux d'autres coralliaires.

Les montagnes de calcaire grandissent sans cesse avec l'apport de nouveaux squelettes, tant et si bien qu'elles finissent par émerger de l'eau. C'est ainsi qu'apparaît une île corallienne.

Les coralliaires vivent exclusivement dans des eaux qui conservent toujours leur température, comme dans les tropiques.

De plus, l'eau doit être salée, claire et peu profonde.

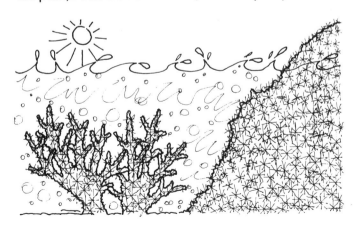

Les côtes rocheuses sont souvent grises, mais il en existe aussi des blanches. Comment obtiennent-elles leur couleur blanche ?

Les côtes rocheuses blanches et abruptes du sud-ouest de l'Angleterre et celles de Calais en France sont des roches crayeuses.

Il ne s'agit pas de roches banales. Leur formation provient de fossiles d'animaux marins minuscules. Ceux-ci ne se composent que d'une seule cellule et ne sont visibles qu'au microscope.

Certaines espèces de ces petits animaux construisent des abris de chaux blanche, grise ou bleutée ou en font leur propre squelette.

Plus le calcaire est pur, plus la couleur est blanche. Ces roches crayeuses sont donc formées d'une façon presque identique à celle des îles coralliennes, mais par une autre espèce de petites bêtes.

Le long du littoral, on trouve des dunes à certains endroits. Comment se sont-elles produites ?

C'est le sable soufflé qui forme les dunes. Lorsque la marée est haute, les vagues apportent le sable du fond marin sur la côte.

Si le fond marin en bordure de la côte est riche en sable, les vagues en drainent davantage.

A marée basse, la mer se retire et laisse une partie du sable humide sur la côte. Lorsque ces mouvements se répètent fréquemment, un banc de sable se dépose sur la plage.

S'il est suffisamment haut, il reste sec à marée basse. Le sable est asséché par le Soleil et emporté par le vent vers la plage.

Il se heurte à des coquillages ou à d'autres saillies et s'y fixe. De plus en plus de grains de sable se heurtent au monticule qui devient progressivement une véritable dune. Ce processus est évidemment très long.

L'homme accélère la formation des dunes en y plantant des oyats.

Les racines de ces plantes fixent les sables afin qu'ils ne soient pas facilement emportés.

Questions et Réponses sur le
CORPS HUMAIN

Un enfant commence sa croissance dans le ventre de sa mère. Comment est-il capable d'y respirer ?

Aussi longtemps que le bébé reste dans le ventre de sa mère, il n'est pas tout à fait formé. Ses poumons, par exemple, ne sont pas encore développés. Il ne peut donc pas respirer, mais heureusement il n'en éprouve pas encore le besoin !
Sa mère lui procure l'oxygène et l'alimentation qui lui sont nécessaires. Un conduit part de son nombril et le relie à sa mère; il s'agit du cordon ombilical, par lequel transite le sang maternel. Il permet le passage des éléments nutritifs indispensables à sa croissance ainsi que celui de l'oxygène qu'il n'inspire pas encore seul.
Le sang et les matières résiduelles du bébé sont refoulés vers la mère. Le bébé n'a en effet plus besoin de ce sang qu'il est capable de produire seul !
A la naissance, on sectionne le cordon ombilical et l'enfant est ainsi libéré. Le bébé doit alors respirer seul pour la première fois.

Nous savons tous qu'une alimentation variée est saine. Qu'en est-il de celle du bébé qui ne peut boire que du lait ?

A la naissance, un bébé est souvent nourri au lait maternel. Il s'agit là d'un lait particulier qui contient tout ce dont l'enfant a besoin.

Cette alimentation est nécessaire car son petit estomac ne peut encore supporter ni le pain, ni la viande, ni les pommes de terre, ni les légumes.

Lorsque la mère, pour une raison quelconque, n'est pas en mesure d'allaiter son enfant, elle lui donne alors un lait spécial pour bambins, de fabrication industrielle, qui ressemble fortement au lait maternel.

On y trouve de nombreux éléments nutritifs utiles à la croissance.

Après le repas, on place le bébé en position debout en attendant son rot. Pourquoi doit-il roter ?

A l'heure de son repas, le bébé est très affamé. C'est pourquoi il boit goulûment. Cet empressement lui fait avaler beaucoup d'air lorsqu'il boit son lait. Si cet air n'est pas encore évacué lorsqu'il se couche, il reste coincé.

Deux situations peuvent alors se présenter. Les bulles d'air progressent vers l'intestin et provoquent un mal de ventre.

Parfois aussi, elles remontent vers la bouche du bébé. Puisqu'il est couché, ces bulles entraînent souvent le lait dans leur sillage. Le bébé vomit alors le lait dont il a tant besoin.

Si, après le biberon, on tient le bébé droit contre son épaule en lui tapotant le dos, l'air remonte sans entraîner le lait, qui reste donc dans l'estomac !

· LE CORPS HUMAIN ·

Un bébé pleure souvent. Est-il tellement triste ?

Lorsque le bébé a faim ou lorsque sa couche est sale, il est incapable de nous le dire. Il ne lui reste plus qu'à pleurer pour nous faire comprendre que quelque chose ne va pas.

C'est à nous de deviner la raison de ses larmes.

De plus, il ne se sent pas toujours en pleine forme. Ses intestins doivent en effet s'habituer à la nourriture. Il a aussi parfois des crampes d'estomac. Il lui arrive également de s'ennuyer et de vouloir qu'on s'occupe de lui.

Ses pleurs ont aussi un côté positif : ses poumons s'exercent ainsi à respirer et s'affermissent.

Nous ne devons malgré tout pas le laisser pleurer trop longtemps, car il se sentirait délaissé.

Pourquoi nos premières dents tombent-elles après quelques années seulement pour être remplacées par des nouvelles ?

La bouche d'un bébé est encore étroite. Toutes les dents dont il aura besoin à l'âge adulte ne peuvent y pousser.

Voilà pourquoi chaque bébé commence par avoir une série de petites dents. Il s'agit des dents de lait. Vers l'âge de six ans environ, de nouvelles dents, plus grandes, se forment sous les dents de lait. Cette apparition n'est possible que parce que la mâchoire s'est développée, comme le reste du corps d'ailleurs. Cet élargissement de la mâchoire va faire flotter les dents de lait qui finiront par tomber.

C'est alors qu'apparaissent les nouvelles dents.

Il t'arrive d'avoir le hoquet et de ne pouvoir l'arrêter. Que se passe-t-il lorsque tu hoquettes ?

Le diaphragme se situe sous le thorax et les poumons. Il s'agit d'un muscle puissant qui veille à ce que nos poumons se gonflent pour nous permettre de respirer.

Ce muscle est parfois pris de convulsions qui augmentent la capacité pulmonaire et accélèrent l'inspiration. L'épiglotte, située au-dessus de la trachée, se ferme alors, empêchant l'air de passer. Voilà ce qui provoque ce bruit bien particulier qu'est le hoquet. L'épiglotte s'ouvre à nouveau par la suite, nous laissant à nouveau respirer.

On ne parvient pas toujours à déterminer la cause des convulsions du diaphragme, mais la plupart du temps, elles surviennent à la suite d'une déglutition trop rapide ou d'une mauvaise respiration (certaines personnes ont le hoquet après un fou rire).

Il est possible d'arrêter le hoquet en buvant un verre d'eau froide ou en retenant sa respiration pendant un moment, ou encore en étant effrayé par quelqu'un.

Lorsque tu descends d'une montagne en voiture ou lorsque tu te trouves dans un avion, il arrive parfois que tes oreilles se bouchent. A quoi cela est-il dû ?

Ton oreille possède une membrane, le "tympan", qui vibre à chaque onde aérienne. Il y a de l'air des deux côtés du tympan.

Dans des circonstances normales, la pression de l'air est identique à l'extérieur comme à l'intérieur. A altitudes différentes, pressions différentes. C'est ainsi qu'au sommet d'une montagne, l'air est plus rare que dans la vallée.

Au sommet, lorsque nous admirons le panorama, la pression dans notre oreille n'est pas aussi importante.

Si nous descendons rapidement, la pression à l'extérieur de l'oreille augmente fortement, alors que celle de l'intérieur du tympan reste faible.

Le tympan est alors comprimé par la pression extérieure.

Pour éviter cette sensation, il suffit d'ouvrir légèrement la bouche en descendant et de bien avaler plusieurs fois.

Au réveil, les yeux ne restent pas toujours ouverts. Pourquoi cligne-t-on des yeux si souvent ?

Tes yeux sont très sensibles. C'est pourquoi ils nécessitent une protection. Les cils font obstacle aux particules de poussière; même les sourcils participent à cette protection. Ils détournent la poussière et l'eau vers les coins des yeux pour que ceux-ci n'en soient pas incommodés.

Les paupières remplissent la même fonction que les essuie-glaces d'une voiture. Leurs clignements écartent toutes les impuretés des yeux. De plus, à chaque clignement, elles raclent un peu de liquide des glandes lacrymales situées aux coins des yeux. Ce liquide humidifie et assouplit l'œil.

Les cils répartissent le liquide sur la surface des yeux afin de ne laisser aucune partie non lubrifiée.

Pourquoi, lorsque tu pèles des oignons, tes yeux se mettent-ils à pleurer ?

L'intérieur de l'oignon contient une substance particulièrement piquante que nous ne distinguons pas. Dès que nous ôtons à l'oignon sa pelure brune avant de le découper, il libère cette substance piquante dont nos yeux sensibles s'accommodent mal.

Les paupières et les glandes lacrymales travaillent alors de concert, et dix fois plus qu'en temps normal. Elles éliminent, autant que possible, cette matière des yeux.

Lorsque tu regardes une longue rue, ses deux côtés semblent se rejoindre dans le lointain. Comment explique-t-on cette impression

Cette rue est bien entendu de la même largeur, que ce soit à l'endroit où tu te trouves ou bien plus loin. Elle paraît simplement plus étroite.

Cela s'explique. En effet, les objets proches nous apparaissent plus distincts et plus grands que les choses lointaines. Plus un objet est éloigné de nous, plus il paraît petit.

Ainsi, vue de loin, la largeur de la rue semble plus petite, de même que les maisons et les arbres qui l'entourent.

Si la rue est réellement longue, nous ne voyons en son extrémité qu'un seul point, vers lequel tout semble converger : les maisons, les arbres et la rue.

· LE CORPS HUMAIN ·

Ta peau se recouvre parfois de petits points qui font se dresser les poils de tes bras. D'où provient cette "chair de poule"?

Tu as certainement déjà aperçu, en hiver, un petit oiseau perché sur une branche et replié en une épaisse boule de plumes.

Par temps froid, les plumes de cet animal se hérissent. La chaleur dégagée par cet oiseau demeure entre ses plumes, l'empêchant de prendre froid.

Lorsqu'un chien ou un chat a froid, ses poils se hérissent davantage pour mieux conserver la chaleur.

Le corps humain n'est pas recouvert d'une telle fourrure, mais il est parsemé de petits poils fins et courts. Lorsque tu as froid, les petits muscles épidermiques contractent les pores d'où sortent ces poils. Ces muscles tendent la peau si fort que des petits points apparaissent. Le poil est coincé et se dresse.

Lorsque la chaleur revient, les pores se dilatent à nouveau.

La racine du poil retrouve un espace suffisant et reprend sa position habituelle.

Lorsqu'un homme a très froid, il frissonne souvent. Pourquoi ne parvient-il pas à rester immobile ?

Lorsqu'un individu souhaite soulever un bras, il en prend seul la décision. Il existe par ailleurs un certain nombre de mouvements que notre corps exécute inconsciemment. Ce sont là les réflexes. La respiration en est un exemple.

Lorsque nous avons froid, les frissons surviennent également de façon automatique. Les petits muscles épidermiques ainsi que les muscles plus volumineux sous-jacents effectuent des mouvements rapides. Cela réchauffe le corps et l'empêche de refroidir trop vite.

Dès que la température remonte, les frissons cessent tout aussi spontanément.

Lorsqu'un homme a peur, des sueurs froides lui parcourent le dos. D'où proviennent-elles ?

Lorsque nous sommes effrayés, cela a des répercussions sur notre corps. Le cœur bat plus rapidement et la respiration s'intensifie. Tous les pores de notre peau s'ouvrent alors, exactement comme le font les oreilles et les yeux.

Tout cela se passe automatiquement. Notre corps capte autant de messages qu'il est possible afin de pouvoir, au premier danger, se défendre au mieux ou s'enfuir.

Lorsque nos pores se dilatent de la sorte, notre corps perd plus de chaleur que d'habitude. Nous avons froid (c'est la peur, dit-on!). Dès lors, notre corps se mettra automatiquement à frissonner pour conserver une certaine chaleur.

Lorsque nous sommes enrhumés, la nourriture n'a pas le même goût. Quelle en est la raison ?

La langue est recouverte de petits grains que nous pouvons palper; il s'agit des papilles gustatives. Elles renferment des cellules qui nous donnent le sens du goût. Toutefois les yeux et le nez contribuent également à affiner ce sens.

Les yeux jugent de l'aspect des aliments.

Le nez en renifle l'odeur et travaille donc en complément des yeux. Lorsqu'il est encombré, il ne peut plus remplir sa tâche.

Seuls les yeux continuent à aider les papilles gustatives.

Voilà pourquoi les aliments ont moins de goût qu'à l'accoutumée.

Pourquoi nous arrive-t-il d'éternuer lorsque nous sommes enrhumés ?

L'air que nous respirons est rempli de minuscules particules de poussière malsaines pour nos poumons. C'est pourquoi notre nez contient des vibrisses, ces petits poils humides auxquels la poussière adhère.

De temps à autre, nous nous mouchons pour éjecter ces particules ainsi que la glaire du nez. Parfois aussi, nous les avalons.

Nous ne sentons pas ces particules. Ce n'est que lorsque quelque chose de plus gros touche nos vibrisses, par exemple des moucherons ou des mouchettes, qu'elles se mettent à remuer. Notre nez chatouille et nous devons éternuer. Il s'agit d'une réaction de notre corps qui veut se débarrasser de l'"intrus".

Lorsque nous sommes enrhumés, la glaire de notre nez est plus abondante que d'habitude. Toute cette humidité forme des gouttelettes attachées aux vibrisses. Celles-ci se mettent à bouger, les chatouillements commencent et nous éternuons.

Tout à fait spontanément !

Nous nous sentons parfois las. D'où vient cette sensation de fatigue ?

On peut établir une comparaison entre un muscle et le moteur d'une voiture. On y injecte de l'essence et de l'huile. La voiture peut alors rouler tout en laissant s'échapper des gaz nocifs.

A partir du sang, le muscle reçoit son oxygène et son alimentation. Il peut alors fonctionner et rendre les matières résiduelles au sang. L'acide lactique est une de ces matières qui procurent une sensation de fatigue. L'acide accompagne le sang dans tout l'organisme; en effet, lorsque les muscles doivent fonctionner intensivement, le sang ne peut éliminer simultanément ces matières résiduelles.

Voilà pourquoi le simple fait de marcher nous fatigue complètement, et pas seulement au niveau des jambes. Lorsque nous allons nous reposer ou dormir, le sang est à nouveau capable d'éliminer toutes ces matières. Notre corps est alors revigoré.

• LE CORPS HUMAIN •

Certaines personnes se lèvent la nuit sans s'en apercevoir. Comment ces gens deviennent-ils somnambules ?

Pendant notre sommeil, notre cerveau continue de fonctionner. Plus lentement certes, mais sans interruption.

Nous ne dormons pas profondément toute la nuit. Pendant une période, notre sommeil est même très léger. A ce moment, notre cerveau travaille plus intensément, et il est possible que nous rêvions.

Dans certains cas, le cerveau ne sait pas si nous rêvons ou si nous sommes éveillés. Il nous pousse alors à nous lever et à nous promener pendant notre sommeil.

Un somnambule peut se promener longtemps et ne se souvenir de rien à son réveil.

Ne t'avise d'ailleurs jamais d'effrayer un somnambule !

Il peut perdre son équilibre et chuter lourdement.

En été, de nombreux enfants ont des points bruns sur le nez. Il s'agit de taches de rousseur. Comment apparaissent-elles ?

Notre peau produit de la mélanine. Ce sont des petits grains foncés qui protègent la peau et les couches sous-jacentes contre les rayons du soleil.

En hiver, les apparitions du soleil sont peu fréquentes et ces petits grains se situent plus à l'intérieur de la peau.

En été, lorsque le soleil darde ses rayons, les grains prennent place dans la couche supérieure de la peau. Ils s'y répartissent et ce sont eux qui nous permettent de bronzer.

Si, dès le premier jour, nous nous exposons trop longtemps aux rayons du soleil, nous rougissons car les petits grains ne sont pas encore parvenus à la surface de notre peau.

Nous ne disposons pas tous de la même quantité de mélanine.

Dans les régions tropicales, les hommes en produisent davantage. Leur peau est d'ailleurs plus foncée que la nôtre.

Il existe aussi des individus qui n'ont presque pas de petits grains et dont la peau est rose clair.

Chez certaines personnes, ces grains se concentrent pour former des taches de rousseur.

Les petits boutons sont très incommodants, et même parfois douloureux. A quoi sont-ils dus ?

Nous avons déjà expliqué que notre peau est parsemée de petits trous, les pores, qui représentent en fait les ouvertures par lesquelles émergent les poils de la peau.

A la racine du poil on trouve un bulbe parfois encrassé par une saleté qui traverse les pores. Cette impureté en bouche l'ouverture.

L'inflammation s'installe dans le pore et provoque l'apparition de pus. Un véritable petit bouton apparaît alors sur la peau.

Il vaut mieux ne pas le percer, car le pus infecte les autres pores qui deviennent tous autant de boutons. Si tu constates une éruption massive de boutons pendant ta puberté, consulte un médecin.

Il nous arrive d'avoir des verrues sur les mains. Qu'est-ce qu'une verrue ?

Une verrue a souvent l'aspect d'une petite bosse. Elle est aussi beaucoup plus foncée que le reste de la peau. Une verrue peut apparaître à la suite d'une maladie ou à cause d'un virus !

Si nous la grattons, le virus peut se propager sur toute la surface de la peau. Il pénètre la peau par les petites ouvertures et provoque la formation d'autres verrues.

C'est pourquoi il est préférable, dans ce cas, d'aller consulter un médecin qui sera capable de les brûler. Il arrive que la verrue soit trop grande et trop profonde, et nécessite alors une légère intervention chirurgicale.

Le médecin pratiquera d'abord une anesthésie locale pour nous éviter une douleur trop intense.

· LE CORPS HUMAIN ·

Lorsque nous nous cognons, il est fréquent qu'un hématome se forme. Quelle en est la cause ?

Notre peau est très solide. Heureusement d'ailleurs, car elle protège tout ce qu'elle enveloppe.

Lorsque nous nous cognons, elle ne s'abîme pas pour autant. Par contre, les veines par lesquelles le sang s'écoule ne sont pas aussi résistantes que la peau; un petit choc peut les endommager.

Lorsque la pression sur la veine est trop forte, la blessure s'ouvre. Le sang se met à couler, mais est retenu par la peau fermée. Il se répand dès lors parmi les autres cellules.

Une marque sombre apparaît sur la peau et disparaîtra seulement quelques jours plus tard.

Notre pied fourmille parfois à tel point que nous ne ressentons plus rien. On dit qu'il a des fourmis, et il nous est impossible de tenir debout. Quelle est la cause de cette étrange sensation ?

Notre corps, truffé de nerfs, ressemble à un central téléphonique. Les nerfs transmettent des messages du cerveau vers toutes les parties du corps et inversement.

Lorsque notre pied reste longtemps immobile, ses nerfs sont ankylosés par notre poids (de même, si nous nous asseyons sur un tuyau d'arrosage, l'eau n'en sort plus!).

Dès que nous bougeons à nouveau, les nerfs se réveillent. Ils se mettent à fonctionner à nouveau et provoquent cette sensation de picotements. Un peu de patience suffit à rendre au pied toute sa mobilité.

Certaines personnes ne sont pas capables de prononcer une seule phrase sans bégayer. A quoi est dû ce bégaiement ?

L'acte de parole nécessite le travail conjoint de divers éléments. Les poumons doivent expirer l'air qu'ils contiennent; la bouche, le palais, les dents et les lèvres ont chacun une tâche bien précise.

Essaie de repérer tout ce qui bouge quand tu parles. Tous ces éléments fonctionnent ensemble automatiquement, de façon inconsciente. Cette collaboration est parfois perturbée.

C'est surtout quand nous sommes excités ou que nous voulons parler rapidement que le dérapage survient.

Chez les personnes qui bégayent, l'un ou l'autre de ces éléments fonctionne de façon incorrecte. Cela peut provenir des muscles faciaux, d'un mal de gorge ou d'un problème de respiration.

Il existe aujourd'hui une série d'exercices qui peuvent aider ce genre de personnes. Elles apprennent d'abord à s'exprimer calmement en maîtrisant le débit de leurs mots. Le patient apprend de la sorte à mieux contrôler ses muscles.

De nombreuses personnes se servent plus facilement de la main gauche que de la droite. D'où provient cette tendance ?

Notre cerveau se compose de deux hémisphères, le droit et le gauche, reliés au reste du corps par des tissus nerveux.

Les nerfs des deux hémisphères se croisent dans notre cou.

L'hémisphère droit dirige tout ce que le côté gauche du corps doit accomplir et inversement.

La plupart des gens développent davantage le gauche qui gère, notamment, l'espace réservé à la parole.

Cet organe se retrouve néanmoins parfois dans l'hémisphère droit. Dans ce cas, ce côté est plus développé et permet à la main gauche de mieux fonctionner que la droite.

Nous ne pouvons rien y changer.

Nous sommes parfois vaccinés contre l'une ou l'autre maladie. Qu'apporte ce vaccin à notre corps ?

Lorsque nous sommes contaminés par une bactérie ou un virus, notre corps entame un processus de défense.

Les globules blancs de notre sang produisent une sorte de contrepoison, les anticorps, pour éliminer les agents pathogènes. Ces anticorps s'attaquent aux germes.

L'organisme produit aussi rapidement de nouveaux globules blancs qui attaquent immédiatement les corps étrangers.

Lors de la vaccination, le médecin nous inocule des germes pathogènes morts ou affaiblis, incapables donc de nous rendre malades. Le corps n'aperçoit pas la différence et se met directement au travail.

Lorsque nous avons produit une fois les anticorps d'une maladie, nous sommes assurés de ne plus la contracter.

Dès que le moindre agent pathogène de ce type nous agresse, il est immédiatement neutralisé.

En vieillissant, nos cheveux deviennent gris, voire blancs. Pourquoi ne conservent-ils pas leur couleur ?

Des cellules se développent au niveau de la racine du cheveu dans le bulbe.

Les cheveux meurent et durcissent.

Une partie de ces cellules contient une substance colorante, la mélanine, qui donne sa couleur aux cheveux. Ils peuvent être roux, noirs, bruns ou blonds. La couleur de ces cellules capillaires est héréditaire.

Lorsque nous vieillissons ou lorsque nous sommes très malades, la production de cellules colorantes s'amenuise. Les cheveux deviennent alors aussi gris que du métal. Certains prétendent qu'en vieillissant les cavités intercellulaires s'emplissent de bulles d'air qui donnent leur couleur grise aux cheveux.

Pourquoi une personne perd-elle son équilibre lorsqu'elle a absorbé trop d'alcool ?

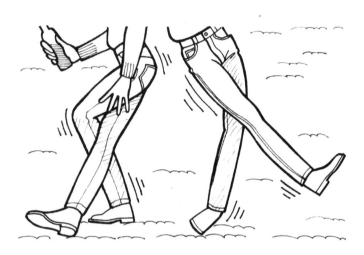

L'alcool est un poison pour les nerfs. Il les paralyse et empêche les messages d'aller et venir vers le cerveau.

Lorsqu'un individu a abusé d'alcool, les messages ne partent plus de son cerveau dans les meilleures conditions.

La personne ne peut dès lors plus assurer la mobilité de ses jambes. C'est pourquoi elle se déplace de façon si étrange.

Lorsque quelqu'un a vraiment bu beaucoup trop d'alcool, il ne parvient plus à contrôler ni ses bras ni ses jambes, sur lesquelles il ne tient d'ailleurs plus.

**Nous sommes parfois victimes du mal de mer.
D'où provient cette désagréable sensation ?**

Le mal de mer est à mettre en rapport avec l'organe responsable de notre équilibre. Celui-ci se situe derrière l'oreille et envoie un message au cerveau lorsque nous changeons de position.

Lorsque nous nous penchons vers l'avant, un message est transmis. Il nous permet de nous maintenir dans cette position sans chuter. Cet organe veille à ce que nous sachions instinctivement comment conserver notre équilibre.

Lorsque nous sommes en mer, notre équilibre est perturbé.

Le bateau tangue sur les vagues. L'équilibre est si souvent modifié que les messages rapides de l'organe semblent se contredire. Le cerveau y perd son latin et s'embrouille.

Nous sommes pris de vertiges, de nausées, de migraines et nous nous sentons fiévreux.

Les pilules contre le mal de mer veillent à ce que le cerveau ne reçoive pas autant de messages; elles empêchent aussi les nausées.

Questions et Réponses
sur la
PHYSIQUE

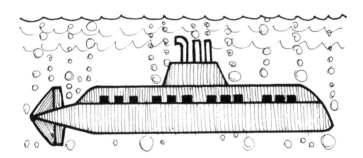

Pourquoi, pendant la cuisson des pommes de terre, le couvercle de la casserole remue-t-il ?

Lorsque l'eau se met à bouillir, elle s'évapore et passe à l'état gazeux. Le gaz, plus léger que l'eau, monte. Au début de la cuisson, rien ne se passe, mais à mesure que la quantité de vapeur augmente, l'espace entre les pommes de terre et le couvercle devient trop petit. La vapeur continue d'augmenter ainsi que la pression à l'intérieur de la casserole. A un moment donné, cette pression est si haute que le couvercle est soulevé afin de laisser s'échapper une partie de l'air humide.

La pression diminue alors et le couvercle reprend sa place. Le phénomène recommence jusqu'à ce que l'eau soit évaporée.

Si nous laissons la cuisson se prolonger, toute l'eau s'évaporera et les pommes de terre seront brûlées.

Lorsque le lait se met à bouillir, il déborde de la casserole si tu n'éteins pas la source de chaleur. Pourquoi ?

Lorsque le lait chauffe, un voile se forme en surface et une partie du liquide s'évapore. La vapeur, qui ne peut s'échapper à cause du voile, va le soulever. Pendant la cuisson du lait, la pression est si forte que le voile est propulsé hors de la casserole. Une partie du lait bouillant est également soulevée. Le lait déborde !

Quand nous versons du thé ou du café, il coule parfois le long de la bouteille Thermos. A quoi cela est-il dû ?

L'eau a la propriété d'adhérer aux autres matériaux. C'est ce que nous appelons ''l'adhérence'' de l'eau. Si nous plaçons deux assiettes humides l'une contre l'autre, elles se fixent. Il faut alors tirer énergiquement pour les dégager.

Ce phénomène survient aussi lorsque nous servons du café ou du thé. Plutôt que de couler dans la tasse, attiré par l'air, le liquide se plaque contre le Thermos.

Pourquoi le vieux pain moisit-il ?

Tous les pains ne moisissent pas. Certains ne font que sécher.

Les moisissures n'apparaissent que lorsque le pain se trouve en un lieu chaud et lorsqu'il est enfermé. Voilà pourquoi le pain emballé dans un sac en plastique a davantage tendance à moisir. En effet, les moisissures s'y développent plus facilement que dans un sac en papier, où l'air frais, quoique rare, peut parfois pénétrer.

Nous nous lavons chaque jour à l'eau et au savon. Le savon est-il indispensable ? L'eau n'est-elle pas suffisante ?

Si nos mains ne sont recouvertes que de poussière, l'eau suffira certainement à les nettoyer.

Notre peau est recouverte d'une très fine couche de graisse.

Tu as déjà certainement posé tes mains sur une vitre propre.

Les taches de graisse qui apparaissent émanent de ta peau.

Cette couche empêche le dessèchement de la peau et absorbe la saleté ainsi que les autres particules de poussière.

L'eau ne suffit pas à ôter cette couche de graisse sale de nos mains.

Une partie du savon adhère à la saleté et découpe la couche graisseuse en petites bulles. La mousse absorbe le tout et l'eau sert à rincer.

Notre peau sécrète alors immédiatement une nouvelle couche de graisse protectrice.

Lorsque les machines à laver n'existaient pas, les vêtements étaient lavés à la main. De nombreuses femmes avaient les mains sèches car leur peau ne parvenait plus à se lubrifier.

Pourquoi pouvons-nous faire des bulles avec du savon ?

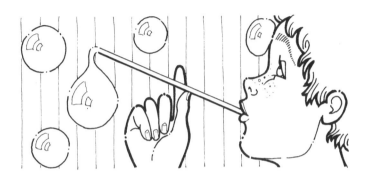

Si tu as déjà soufflé dans un verre à limonade, tu as remarqué que des bulles apparaissent. Plus légères que la limonade, elles se forment en surface avant de disparaître dans l'air.

Si nous soufflons dans l'eau savonneuse, l'eau forme, grâce au savon, une très fine couche élastique sur chaque bulle d'air. La bulle de savon est ronde car la pression est identique sur chaque point de la couche.

Son élasticité lui permet de se déposer délicatement sans éclater. Elle perd parfois sa forme arrondie, mais reste intacte.

Si elle heurte un autre objet trop brutalement, l'air qui s'y trouve est secoué et déplacé.

La pression sur le voile est trop forte et la bulle éclate.

Ta mère emploie chaque jour du sel pour assaisonner ses plats. D'où vient ce sel de cuisine ?

Le sel brut est extrait du sol. Il s'agit de gros sel.
Jadis, les mers se sont asséchées.
Une épaisse couche de sel s'est déposée là où l'eau des mers s'est évaporée en dernier lieu. Sol et sel s'y sont mélangés.
Le sel est pourtant facile à extraire. On injecte de l'eau, via un conduit, là où il se trouve. Le sel se dissout dans l'eau; il suffit alors d'aspirer, via un autre conduit, l'eau salée et de la laisser s'évaporer : le sel reste sur place. Il est ensuite séché et purifié.
Parfois, on laisse s'évaporer l'eau de mer. C'est le cas le long des côtes françaises. Le sel qui en résulte est appelé sel marin.
Il peut également servir à des fins domestiques.

Une fontaine propulse souvent un puissant jet d'eau vertical. Comment explique-t-on ce mouvement d'aller-retour du jet d'eau ?

L'eau jaillit si puissamment qu'elle vainc la pression de l'air et la pesanteur. En montant, le jet perd de sa vitesse.

Il s'arrêtera à un moment donné sous l'effet de la pesanteur et retombera. La pression de l'air est nettement inférieure à celle qui propulse l'eau dans les airs.

En retombant, la résistance de l'air scinde le jet en gouttelettes qui s'écartent les unes des autres. Si le vent souffle à proximité, le jet est éclaté en plus petites gouttelettes qui peuvent parcourir une distance considérable sous l'effet du courant d'air.

Lorsque nous sortons d'une piscine, nous ressentons une sensation de lourdeur. Pourquoi ?

Lorsque nous pénétrons dans l'eau, nous provoquons un déplacement de la masse aquatique. En effet, l'eau n'a plus de place là où notre corps se trouve. Nous exerçons donc une pression sur l'eau et inversement. Cette pression est presque proportionnelle au poids de l'eau que nous avons déplacée. Dès que nous sortons de l'eau, cette pression s'estompe. Nous éprouvons alors des difficultés à nous extraire du bassin, comme si nous étions devenus plus lourds.

Lorsqu'un petit incendie éclate, nous le combattons avec de l'eau. Pourquoi l'eau permet-elle d'éteindre le feu ?

Si tu plonges une petite bougie incandescente dans un épais récipient en verre, la bougie s'éteint après quelque temps.

En effet, le feu a besoin de deux éléments pour perdurer : le combustible et l'oxygène. Le combustible ici est la suie et le fil de coton. L'oxygène se trouve, quant à lui, dans l'air.

Si le récipient est fermé, l'oxygène se raréfie et la bougie s'éteint.

L'eau provoque le même effet. Lorsqu'on arrose le feu, l'air (et donc l'oxygène) n'y parvient plus. La flamme s'éteint alors.

Lorsqu'il gèle à pierre fendre, les fenêtres sont souvent recouvertes de jolis cristaux de glace. Comment explique-t-on leur formation ?

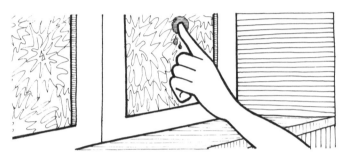

Dans ta maison, l'air est humide. De plus, une grande quantité d'eau s'y évapore: notre respiration, les cuissons, les plantes et d'autres éléments y participent.

Lorsqu'il fait très froid, les particules d'humidité évaporées dans l'air se heurtent à la vitre froide et se liquéfient.

Il s'agit du phénomène de ''condensation''.

Si la vitre est gelée, l'eau condensée se transforme instantanément en cristaux de glace qui apparaissent sur les particules de poussière déposées sur la fenêtre. La forme des cristaux dépend donc de l'endroit où se trouvent les particules poussiéreuses. Ces cristaux sont parfois très jolis.

Lorsqu'on les touche du doigt, la glace se met à fondre sous l'effet de la chaleur de notre peau et redevient de l'eau.

La glace n'est que de l'eau gelée. Un glaçon est lourd. Pourquoi flotte-t-il malgré tout sur l'eau ?

L'eau gonfle en gelant. Remplis d'eau deux petits sachets en plastique et mesure-les. Veille à ce qu'ils contiennent la même quantité d'eau. Mets-en un, ouvert, dans le congélateur. Ferme l'autre avec soin. Tu t'apercevras le lendemain que le niveau du sachet de glace est plus haut que celui du sachet d'eau.

Si maintenant tu prends la même quantité d'eau et de glace, tu constateras que la glace est plus légère. Un bloc de glace déplace une grande quantité d'eau. Cette eau exerce sur le bloc une pression plus forte que le bloc sur l'eau.

Le bloc de glace flotte donc puisqu'il est plus léger que l'eau qui l'entoure.

Pourquoi les canalisations d'eau sont-elles défectueuses en hiver lorsqu'il gèle ?

La plupart des matériaux se contractent lorsqu'ils refroidissent ou gèlent. C'est aussi le cas du métal et des matières synthétiques dont sont faites la plupart des canalisations d'eau. Dès lors, lorsqu'il gèle, ces tuyaux se resserrent.

Au contraire, l'eau, en gelant, ne rétrécit pas, elle gonfle. Lorsque neuf litres d'eau gèlent, nous obtenons dix litres de glace !

L'eau des canalisations gonfle donc d'un neuvième, alors que les tuyaux rétrécissent, ce qui explique leur défectuosité. Nous pouvons le remarquer quand le gel s'estompe. L'eau dégèle progressivement et les fuites se déclarent un peu partout.

En cas de gel, il ne faut donc pas oublier de chauffer davantage ou de vider les tuyauteries.

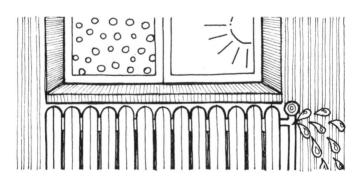

Durant certains hivers, il gèle tellement qu'il est possible de patiner dehors. Pourquoi nos régions ne connaissent-elles pas souvent d'aussi fortes gelées ?

L'eau de mer borde le littoral. Cette eau, venant du golfe du Mexique, nous est amenée par les vents d'ouest. Au début de son parcours, elle est réchauffée par le soleil des tropiques; elle n'est pas totalement refroidie lorsqu'elle arrive dans nos régions. Ce courant d'eau chaude a été baptisé ''Gulf Stream''. Cette eau réchauffe l'atmosphère le long de nos côtes, où les températures ne sont donc pas aussi faibles qu'en d'autres endroits.

Les vents d'ouest poussent cet air moins frais vers l'intérieur du pays. Lorsque ces vents viennent du nord ou de l'ouest, de Norvège, de Suède ou d'Union soviétique, l'air est souvent glacial.

Ce froid empêche l'air chaud surplombant l'océan de traverser nos régions continentales.

Lorsqu'il fait froid dans une maison, il suffit d'augmenter le thermostat pour activer le chauffage. Quelle est l'action de ce thermostat ?

Cet appareil fonctionne presque comme un thermomètre, puisqu'il indique la température.

La différence est que le thermostat ne contient pas du mercure, mais du métal. Tout refroidissement entraîne une diminution du niveau de ce métal, qui provoque un contact électrique à un certain point. Cette impulsion transmet un signal au système de chauffage qui se met en marche.

Lorsque la pièce se réchauffe, le métal du thermostat remonte; le contact électrique ne se fait plus et le système de chauffage s'arrête.

· PHYSIQUE ·

Un baromètre nous indique le temps qu'il va faire. Comment est-il devenu un instrument scientifique ?

La pression atmosphérique n'est pas toujours parfaitement constante. Lorsque l'air situé au-dessus du continent se réchauffe, il monte. A cet endroit, l'air se trouvant juste au-dessus de la terre est donc plus rare; nous sommes en présence d'une zone de basse pression.

Cette insuffisance sera compensée par des arrivées d'air, tantôt froid, tantôt chaud. L'air chaud et l'air froid ne se mélangent pas. L'air chaud, plus léger, glisse au-dessus de la masse d'air froid.

Plus l'air chaud monte, plus il refroidit et moins il retient la vapeur d'eau. Cette vapeur se transforme en gouttelettes qui forment des nuages avant de tomber sous la forme de précipitations.

Le baromètre comprend une petite boîte remplie d'un métal très fluide et extrêmement sensible. Lorsque la pression atmosphérique est élevée, cette petite boîte est davantage comprimée que lorsque la pression est basse. Ce mouvement est repris par une aiguille qui indique précisément le temps qu'il va faire.

Les radars permettent aux bateaux de naviguer en sécurité dans le brouillard. Comment fonctionnent ces radars ?

Un radar émet des ondes radio. Lorsque celles-ci rencontrent un objet sur leur passage, elles le heurtent et sont renvoyées vers leur point de départ où elles sont captées par un récepteur.
Il est alors possible de visualiser la position de l'objet sur un écran.
Cet appareil est idéal pour assurer la circulation maritime, principalement dans l'obscurité ou le brouillard. Les navires peuvent dès lors avancer en toute tranquillité sans aucune visibilité.

Quel délice la crème glacée ! Comment est-elle faite et d'où provient-elle ?

La crème, le lait et le sucre donnent un mélange délicieux.

Il suffit de le placer dans le congélateur tout en veillant à remuer ce mélange de temps en temps pour ne pas obtenir de grumeaux dans la glace. Ajoutons du chocolat, des fruits ou du moka pour lui donner un meilleur goût.

La préparation industrielle est presque identique, mais on a recours à de grosses machines.

Les premières crèmes glacées ont été découvertes en Extrême-Orient. Un navigateur venitien, Marco Polo, la vit pour la première fois sur la table des Chinois. Il la décrivit à son retour à Venise. Les Italiens essayèrent la recette en variant les parfums.

De nos jours, la crème glacée italienne est mondialement renommée.

Lors de certaines fêtes, on décore les jardins avec des ballons. Pourquoi un ballon éclate-t-il lorsqu'il prend de l'altitude ?

L'air se dilate lorsqu'il est réchauffé.

Si le ballon est bien gonflé, l'air n'y trouve plus aucune place. Le ballon est dès lors incapable de supporter la pression interne et finit par éclater sous la tension.

Pourquoi les skis sont-ils si longs alors que les patins ne le sont pas ?

Lorsque tu enfouis un doigt dans le sol, un petit trou se creuse. Si tu appuies platement ta main sur le même sol, la pression doit être nettement plus importante pour descendre aussi profondément.

C'est la grandeur de la surface de ta main qui explique ceci. Nous appelons cette portion la surface portante.

Si tu marches sur un sous-sol dur, comme la glace, tu ne risques pas de passer au travers.

La neige est tendre. Avec de simples chaussures, on la transperce. Plus la surface qu'il faut porter est étendue, moins on s'enfonce.

Lorsque nous chaussons de longs skis, notre poids est réparti sur toute leur longueur. Nous n'écrasons pas la neige qui nous supporte, si bien qu'elle nous permet de glisser.

Le fer et l'étain sont des métaux. L'or, l'argent et le platine sont des métaux "nobles". Pourquoi leur attribue-t-on ce qualificatif ?

Tu sais que le fer rouille au contact de l'humidité. La plupart des métaux présentent cette imperfection. L'or, l'argent et le platine, au contraire, ne rouillent pas et conservent leur merveilleux éclat.
Voilà pourquoi l'homme leur accorde une valeur considérable.

Le platine est encore plus cher que l'or et l'argent. Quelles sont les propriétés qui le rendent unique ?

Le platine est un minéral particulièrement cher car il est flexible et ne fond pas rapidement. L'or et l'argent fondent plus vite. Le platine peut donc être utilisé à des températures nettement plus élevées que l'or et l'argent.

En outre, le platine possède encore une autre particularité.

Il permet de modifier la composition d'autres matériaux et de les combiner. Enfin, le platine ne subit aucune altération ! C'est pourquoi l'industrie en fait un usage intense.

Le cuivre et le bronze ont parfois la même couleur. Quelle est la différence entre ces deux métaux ?

Le cuivre est un métal lourd, mais pas dur, plus facile à travailler que le fer par exemple. Sa couleur peut être rouge, jaune et parfois même verdâtre.

Normalement, le cuivre n'est pas conçu pour fabriquer des armes, car il est trop tendre.

Il y a plusieurs siècles, l'homme a découvert qu'il obtenait un métal beaucoup plus dur si on faisait fondre du cuivre avec de l'étain. On baptisa ce nouveau métal le bronze, et l'homme s'en servit pour façonner des pièces d'argent et des armes.

La combinaison d'un métal avec un autre porte le nom d'alliage.

Le bronze est donc un alliage de cuivre. Voilà pourquoi ils ont tous deux le même aspect extérieur.

Lorsqu'on souhaite faire un long tuyau avec deux autres, plus petits et métalliques, le soudeur parvient à les joindre. Comment s'explique le soudage ?

Le métal des deux extrémités du tuyau est chauffé si fort qu'il devient tendre et que ces bouts s'unissent.

Si l'on juxtapose les extrémités, elles redeviennent dures lors du refroidissement et permettent aux morceaux de rester fixés.

Le réchauffement se produit par étincelles électriques, dont la lumière est dangereuse pour les yeux.

C'est pourquoi un soudeur doit toujours porter un masque de protection.

Lorsque tu vois donc un soudeur à l'œuvre, ne regarde jamais la lumière des étincelles; sinon les yeux s'endolorissent et pleurent.

Si des objets métalliques demeurent en permanence dans un endroit humide, ils finissent par rouiller. Qu'est-ce que la rouille ?

L'air est composé de diverses matières, dont l'oxygène et l'humidité.

La rouille est une réaction du fer au contact de l'oxygène présent dans l'air. L'humidité contribue également à cette réaction. Même si l'air est sec, la rouille se forme quand même, mais beaucoup plus lentement qu'en présence d'air humide.

Plus l'air est humide, plus le fer se combine à l'oxygène pour former de la rouille.

Le fer rouille moins lorsqu'il est plongé dans l'eau. En effet, l'humidité y est bien présente, mais l'oxygène y est trop rare. Or, sans oxygène, il n'y a pas de rouille ! L'air n'exerce plus aucune action sur les outils métalliques enduits de graisse. L'oxygène non plus. L'outil ne rouille donc pas.

Lorsque tu ouvres une nouvelle boîte de jus de pomme et que tu t'en sers un verre, il t'arrive d'en renverser. Il suffit de pratiquer une autre petite ouverture pour que cela ne se reproduise plus. Comment ce phénomène s'explique-t-il ?

La boîte est pleine de jus, mais elle contient également de l'air.

Lorsqu'elle est encore pleine, la pression de l'air à l'extérieur de la boîte est égale à celle de l'air à l'intérieur de la boîte au-dessus du jus.

Lorsque tu pratiques une ouverture dans la boîte et que tu la penches, le jus se met à en sortir normalement, mais pas pendant longtemps ! En effet, la pression intérieure est de plus en plus basse, car l'air remplace le jus versé.

L'air à l'intérieur de la boîte se répand sur une plus grande surface et se raréfie.

La pression de l'air contre l'ouverture (et donc le jus) est plus forte que celle de l'intérieur. Le jus n'en sort alors plus aussi facilement.

Si tu perces un nouveau trou, l'air peut y entrer pendant que tu verses le jus. Ainsi, les pressions sont identiques, à l'intérieur comme à l'extérieur.

Nous voyons souvent apparaître un avion avant de l'entendre. Qu'est-ce que le bruit ?

Lorsque nous nous trouvons au bord d'un étang, il nous arrive de voir un poisson en sortir. Un anneau se forme à l'endroit où l'eau a bougé. Il s'agrandit de plus en plus jusqu'à ce qu'il heurte les rives et ses ondes deviennent de plus en plus superficielles. Nous pouvons expliquer le bruit de la même manière. Ce sont les vibrations de l'air qui engendrent le bruit. Ces vibrations ont bien entendu une origine, le passage d'un avion par exemple.

Il déplace l'air et ces ondes aériennes se répandent. Lorsque ces vibrations parviennent à nos oreilles, nous entendons l'avion.

Puisque la vitesse de la lumière est plus élevée, nous voyons l'avion avant de l'entendre.

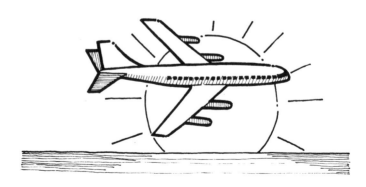

Lorsque tu émets un son bruyant dans un puits profond, le bruit y est répété et tu entends ta propre voix. Comment l'écho se produit-il ?

Lorsque tu cries dans le puits, ton expiration et les vibrations de tes cordes vocales perturbent le mouvement de l'air. Les vibrations traversent l'air du puits et s'y engouffrent.

Les parois rocheuses du puits n'absorbent pas le bruit et rejettent les vibrations. L'entrée du puits étant la seule issue, les vibrations finissent par y retourner, passant ainsi tout près de toi.

Il est également possible d'entendre l'écho dans les montagnes. Ta voix est réfléchie par les pentes des montagnes et te revient donc. L'écho n'est pas aussi pur que dans un puits car certaines vibrations ont trouvé refuge dans les plis des montagnes. Ces vibrations sont alors affaiblies.

Les pales de l'avion sont situées sur les côtés. Pourquoi celles d'un hélicoptère se trouvent-elles au-dessus de l'appareil ?

L'avion vole parce qu'il y glisse une plus grande quantité d'air en dessous qu'au-dessus de ses ailes. C'est ainsi que cet appareil est soulevé.

Un hélicoptère n'a pas d'ailes. Ce sont les pales de l'hélice qui les remplacent. Les pales de l'hélicoptère constituent le rotor. Le mouvement tournoyant du rotor pousse l'air vers le haut, provoquant ainsi une basse pression sous les ailes qui soulève l'hélicoptère. Plus le rotor tourne vite, plus l'hélicoptère prend de l'altitude.

Le rotor peut également être manipulé par le pilote afin de virer à gauche ou à droite et d'avancer.

La petite hélice située sur la queue de l'appareil permet à l'hélicoptère de ne pas tourner sur son propre axe.

Un sous-marin se déplace sur l'eau, mais également sous l'eau. Comment y parvient-il et comment réapparaît-il à la surface ?

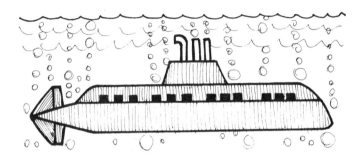

Un sous-marin possède une double paroi, interne et externe, entre lesquelles on trouve un espace, le sas. Lorsque le sous-marin plonge, son capitaine donne l'ordre de remplir le sas d'eau.

Le bateau s'alourdit et entre en phase d'immersion. La paroi interne est, quant à elle, totalement étanche. L'intérieur du sous-marin est parfaitement sec. Lorsque le submersible veut refaire surface, le commandant fait remplir le sas d'air qui en éjecte l'eau. L'air, plus léger que l'eau, permet au sous-marin de monter.

Le sous-marin est ainsi muni d'une sorte de bouée.

Tous les jours nous utilisons du papier, que nous jetons d'ailleurs souvent par négligence. Comment fabrique-t-on le papier?

Il existe différentes sortes de papier, produites à partir de matériaux divers.

Le papier qui est confectionné à partir de vieilles loques ou de vieux chiffons (en lin ou en coton) est le plus résistant et le plus durable.

Le papier s'obtient aussi à partir de petits morceaux de bois.

La paille est également utilisée. La matière première est chauffée et mélangée à de la colle et à d'autres matières chimiques. La chaleur la transforme en un bouillon liquide que l'on répand sur un long tapis faisant office de passoire. L'eau quitte ainsi cette mélasse et la substance lisse est ensuite laminée pour en faire une feuille de papier, fine ou épaisse selon l'usage qui doit en être fait. La feuille est ensuite séchée.

Un miroir reflète notre propre image. Comment fabrique-t-on des miroirs ?

La face arrière du verre à glace est recouverte d'une très fine couche d'argent. La pellicule d'argent est elle-même recouverte d'une fine couche de matière laquée et souvent aussi d'une couche de peinture à l'eau, indispensables pour protéger la couche d'argent des impuretés. Lorsque nous regardons dans un miroir, la lumière est reflétée dans la glace par la couche d'argent sous-jacente.

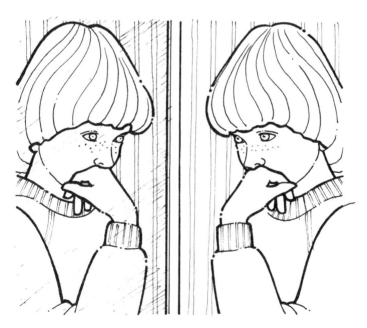

Questions et Réponses
sur la
SOCIETE

Lorsque tu quittes la maison, ta mère t'embrasse. D'où vient cette habitude ?

Nous pensons que tu peux le deviner.

Bien entendu, le premier baiser a été donné il y a des milliers d'années par une mère à son enfant qu'elle câlinait. Il s'agissait d'une marque d'affection. Ce geste, accompli par des personnes qui s'apprécient, a traversé les siècles.

Mais le baiser est parfois donné dans un rapport de servilité.

Chez les Romains, les pauvres devaient embrasser les pieds de leur empereur; les simples citoyens lui baisaient les mains, et les riches pouvaient embrasser ses lèvres.

Le pape baise le sol lorsqu'il descend d'avion, par respect pour le pays d'accueil.

Nous nous embrassons souvent par tendresse ou par amour.

On a retrouvé des momies dans les pyramides égyptiennes. De quoi s'agit-il et pourquoi ne se décomposent-elles pas?

Dans nos régions, lorsqu'une personne décède, elle est enterrée dans un cimetière ou incinérée. Dans ce dernier cas, il ne reste plus d'elle qu'une urne de cendres.

Dans l'ancienne Egypte, les hommes pensaient qu'après la mort, l'âme devenait oiseau. Cet oiseau aurait volé pendant la journée et aurait réintégré le corps pendant la nuit.

Le corps devait dès lors être conservé dans les meilleures conditions. Les organes périssables étaient d'abord extraits du corps de la personne décédée. Le corps était ensuite rempli d'épices, d'huiles, de myrrhe, d'encens et d'autres choses. Il était plongé dans un bain d'eau salée pendant 70 jours, puis recouvert de draps. La momie était alors déposée dans un cercueil en bois de forme humaine, le sarcophage.

Les Egyptiens momifiaient parfois certains animaux, comme les chats, les crocodiles et les taureaux.

Pourquoi les hommes étaient-ils plus supersti-tieux jadis que maintenant ?

Autrefois, les hommes en savaient beaucoup moins sur les origines des maladies et des catastrophes naturelles qu'aujourd'hui.

Actuellement, nous savons que les maladies se propagent par contamination ou qu'elles surviennent par prédisposition héréditaire. Nous savons aussi par exemple que les tremblements de terre sont provoqués par des crevasses de la Terre.

Comme ils ne connaissaient pas toutes ces causes naturelles, les hommes cherchaient jadis des explications à leur malheur et aux catastrophes qui les touchaient.

Ils pensaient par exemple qu'il existait des sorcières pouvant ensorceler les hommes et les punir. Ils croyaient également aux génies de la Terre, aux elfes et aux esprits capables de les attaquer pendant la nuit.

La superstition était due à de l'angoisse qui elle-même provenait de l'ignorance. De nos jours, nos nombreuses connaissances ont eu raison de ces superstitions.

· SOCIETE ·

Il n'y a pas beaucoup d'espace en ville. Pourquoi tant de gens vont-ils alors habiter dans les grandes cités ?

De nombreuses personnes aiment habiter les unes près des autres. Elles apprécient à la fois la solitude et la compagnie !

Lorsqu'elles souhaitent rester seules, elles peuvent alors rentrer dans leur maison ou dans leur appartement.

Lorsqu'elles souhaitent communiquer, il leur suffit de sortir puisque les villes ne sont jamais désertes.

Il est également plus aisé de trouver un travail en ville et de gagner l'argent nécessaire à son bien-être.

On y trouve des écoles pour les enfants, des théâtres et des bars pour se divertir et nettement plus de magasins qu'à la campagne.

Pourquoi certaines maisons sont-elles construites sur pilotis?

Plusieurs facteurs peuvent expliquer cette pratique. Dans certains endroits, le sol n'est pas suffisamment ferme pour y ériger une construction.

On enfonce alors profondément dans le sol une série de pilotis sur lesquels on construit la maison. De cette manière, elle est beaucoup plus stable et dévie moins facilement. La ville d'Amsterdam est en grande partie érigée de la sorte.

Les maisons sont aussi construites sur pilotis dans les régions où les crues sont fréquentes. Les pilotis y surplombent nettement le sol marécageux. Il faut dès lors monter pour accéder à la maison.

Dans la zone des tropiques, ce genre de construction est fréquemment utilisé pour se protéger des animaux sauvages.

Pourquoi la vitesse d'un bateau est-elle mesurée en nœuds marins et non en kilomètres ?

Autrefois, lorsqu'un marin désirait connaître la vitesse de son bateau, il ne disposait d'aucun compteur kilométrique pour la lui indiquer. Il ne possédait pas davantage de tachymètre.

Le marin avait un truc : il faisait des nœuds à distance régulière sur une longue corde.

Il liait une des extrémités de la corde au mât de son bateau.

L'autre bout était attaché à une planche et jeté à la mer.

Il ne restait plus au marin qu'à compter le nombre de nœuds qui, en un laps de temps donné, avaient défilé entre ses mains.

Il savait alors quelle était la vitesse en ''nœuds'' de son bateau.

Le marin pouvait même savoir si le bateau était plus ou moins rapide que la veille, puisqu'il utilisait toujours la même corde. Un nœud correspond aujourd'hui à un mile marin et vaut 1 852 mètres.

Tu parles le français, mais ce n'est pas le cas de tout le monde. Pourquoi ne parlons-nous pas tous la même langue?

Le premier groupe d'hommes apparu sur la Terre parlait certainement la même langue. Ce groupe s'élargit si bien que l'espace et la nourriture finirent par manquer.

Une partie de ces hommes se déplaça alors pour trouver de quoi se nourrir. Leur langage commença à changer. De nouveaux mots apparurent, d'anciens termes changèrent de consonance.

De temps à autre, deux groupes se rencontraient. Leurs langues se mélangeaient. C'est ainsi qu'il existe des langues très semblables.

Le néerlandais, l'anglais, l'allemand et les langues scandinaves appartiennent ainsi à la famille germanique.

Le français, l'italien, l'espagnol et le portugais sont des langues romanes.

Il existe d'autres familles. Il suffit de penser aux langues arabes et au chinois pour s'en convaincre.

Beaucoup d'enfants adorent leur skateboard. On en trouve aujourd'hui dans le commerce, de toutes les couleurs et décorés de très jolis dessins. D'où vient en fait le skateboard ?

Retourne ton skate et tu t'apercevras qu'il est conçu de la même manière que les patins à roulettes. Il y a longtemps, un jeune garçon fixa une planche sur ses patins et s'y assit. Il y prit énormément de plaisir. Plus tard, quelqu'un se tint debout et se propulsa à l'aide d'un pied.

C'est seulement dans les années 50 que les premiers skates furent fabriqués; ils étaient très lourds et peu rapides.

De nos jours, ils sont assemblés avec des matériaux ultralégers et permettent d'atteindre des vitesses impressionnantes.

La plupart sont joliment décorés et certains sont même ornés de véritables œuvres d'art.

Tous les hommes utilisent-ils les mêmes lettres et les mêmes chiffres, ou bien existe-t-il aussi une différence ?

Nous connaissons l'alphabet de vingt-six lettres, mais il n'est pas employé partout dans le monde.

Les habitants des pays arabes utilisent un alphabet tout à fait différent. Les Soviétiques ne se servent pas non plus des mêmes lettres. Les Chinois et les Japonais n'utilisent pas une lettre pour chaque son, mais un idéogramme pour chaque mot. Ces langues sont très complexes.

Notre système numérique consiste en dix signes différents, de 0 à 9. Nous l'avons hérité du monde arabe.

Les Romains connaissaient un ensemble de symboles différents. Le 10 était représenté par un X, le 5 par un V et le 1 par un I.

Ils utilisaient en fait une lettre pour déterminer un chiffre. Nous recourons encore aujourd'hui à ce système.

Ces chiffres se retrouvent par exemple sur l'horloge de la tour d'une cathédrale, sur les montres ou sur les réveille-matin.

· SOCIETE ·

Lorsque le treize d'un mois tombe un vendredi, certaines personnes parlent de jour de malheur. Pourquoi pensent-elles que le vendredi 13 porte malheur ?

L'origine de cette croyance est très ancienne.

Au départ, les Normands avaient douze dieux dont ils disposaient favorablement.

Plus tard, un treizième fit son apparition, le dieu du mal.

La religion des Normands se répandit sur les nombreux lieux de leurs pillages. Plus tard, lorsque de nombreux peuples se convertirent au christianisme, ce treizième dieu du mal resta ancré dans leurs croyances.

Le vendredi, jour de la crucifixion du Christ, était jour de malheur pour les chrétiens.

Maintenant, si le chiffre treize des païens tombe le vendredi, jour maudit de la semaine, le malheur n'en est que plus grand.

De nombreuses personnes pensent qu'il faut alors redoubler de prudence. De toute façon, nous pouvons connaître un jour de malchance à n'importe quel moment sans pour cela qu'il s'agisse d'un vendredi treize. Cela peut en effet arriver un dimanche !

• SOCIETE •

Saint Nicolas n'est-il connu qu'en Europe ?

A l'origine, c'était le cas. Il fut évêque en Turquie (dans la ville de Myra), mais les musulmans y redevinrent les maîtres. A partir de ce moment, le généreux évêque ne fut donc plus adoré.

Au cours des deux derniers siècles, de nombreux Européens émigrèrent sur le continent américain. Ils racontèrent à leurs enfants des histoires au sujet de saint Nicolas.

Les livres d'histoires n'étaient pas encore nombreux et les adultes devaient tout raconter de mémoire. C'est pourquoi les histoires furent modifiées au fil des années. Saint Nicolas devint ''Santa Claus''.

Aux Etats-Unis, il ne passe pas le 6 décembre, mais à Noël. Son cheval blanc y est remplacé par un traîneau tiré par des rennes.

Heureusement pour les enfants, sa méthode de travail est inchangée : il apporte des cadeaux !

A Noël, nous décorons un sapin. D'où vient cette habitude ?

Les Norvégiens et les Suédois furent les premiers à dresser un sapin de Noël dans leur maison. Dans ces pays, les hivers sont plus longs et plus rigoureux que dans nos régions. Tout y semble mort à l'extérieur.

Le jour le plus court de l'année, les hommes du Nord apportaient dans leur foyer le petit sapin toujours vert, symbole de vie et espoir du printemps.

Les chrétiens reprirent cette coutume. Ils fêtèrent la naissance du Christ qui représenta le nouveau départ de la vie. L'arbre de Noël, d'origine païenne, fut repris pour la fête chrétienne.

Nous fêtons le Nouvel An avec des feux d'artifice. Pourquoi fêtons-nous l'an nouveau ?

Cette fête est une tradition très ancienne.

Nos ancêtres la célébraient déjà. Ils le faisaient en novembre.

Ils allumaient de grands feux afin de s'attirer les faveurs des dieux pour l'année nouvelle.

Nous avons conservé cette tradition en remplaçant les grands feux par des feux d'artifice.

Les Romains n'avaient pas le même calendrier que les Germains, et le Nouvel An se fêtait le premier janvier.

L'an nouveau représente un nouvel espoir pour tout le monde.

Voilà pourquoi nous le fêtons toujours.

Le mot "pyjama" est un terme étranger. D'où provient-il ?

Il ne s'agit pas d'un mot d'origine française, mais d'origine japonaise.
C'est le nom d'un ensemble composé d'une veste ample et d'un pantalon large. Il sert de vêtement pour la nuit.

Index

▪ INDEX ▪

• INDEX •